即兴演讲

关键时刻 不要输在表达上

李涵 ◎ 著

中国纺织出版社有限公司

内 容 提 要

学会在公开场合说话是参与社会活动的重要技能，面对公众如何把话说好、说得动听、说得引人入胜，让话语引起公众的共鸣，是我们每一个人都需要学习的技能。本书介绍了即兴演讲的方法和技巧，以及需要进行的针对性练习，旨在帮助读者通过后天训练掌握演讲技能，成为即兴演讲高手，赢得在公众面前出彩的机会。

图书在版编目（CIP）数据

即兴演讲：关键时刻不要输在表达上 / 李涵著. -- 北京：中国纺织出版社有限公司，2024.4
ISBN 978-7-5229-1371-1

Ⅰ.①即… Ⅱ.①李… Ⅲ.①演讲—语言艺术—通俗读物 Ⅳ.①H019-49

中国国家版本馆 CIP 数据核字（2024）第 033272 号

责任编辑：刘丹　责任校对：王花妮　责任印制：储志伟

中国纺织出版社有限公司出版发行
地址：北京市朝阳区百子湾东里 A407 号楼　邮政编码：100124
销售电话：010—67004422　传真：010—87155801
http://www.c-textilep.com
中国纺织出版社天猫旗舰店
官方微博 http://weibo.com/2119887771
天津千鹤文化传播有限公司印刷　各地新华书店经销
2024年4月第1版第1次印刷
开本：880×1230 1/32　印张：6
字数：115千字　定价：58.00元

凡购本书，如有缺页、倒页、脱页，由本社图书营销中心调换

前 言

　　演讲，又称演说或者讲演，是指在公共场合下，以有声的语言作为主要手段，以身体姿势作为辅助手段，针对某个具体问题，发表独到主张、阐明事情道理、抒发充沛情感的一种语言交际活动。而即兴演讲，则是演讲中要求最高、难度最大、效果最佳的一种演讲方式。

　　我们每个人在生活中，都会或多或少地遇到需要即兴演讲的情况，可能是在工作、会议中临时汇报或发表见解，也可能是在聚会、宴请中临时发表感谢或者致辞，还可能是面对某种情况突然有感而发。面对这些即兴演讲的情况，很多人都会表现出抗拒的情绪，试图通过推托来逃避这些人前讲话的情况。但这样一来，不仅会让演讲者看起来有些畏缩和局促，给现场人员留下不好的印象，还可能影响现场气氛，令大家不愉快。

　　即兴演讲没有给演讲者留下充足的准备时间，而是需要演讲

即兴演讲：关键时刻不要输在表达上

者根据当下的实际情况，灵活且迅速地运用语言表达能力，对听众产生一定的感染力，这是许多人抵触和畏惧即兴演讲的重要原因。基于这一点，我们编写了这本《即兴演讲：关键时刻不要输在表达上》，旨在帮助一些没有即兴演讲经验的读者在面对突发演讲情境时，不再显得忐忑不安和手足无措，而是能够快速地在脑海中构建出演讲的大致结构与内容，选择适合的表达方式，妙语连珠地发表自己的观点与看法。

本书首先介绍了即兴演讲的特性、选题、立意、风格和思维，在此基础上，又从候场、开场、气场、控场和终场等五个方面深入挖掘与分析，为读者拆解了多种不同的演讲方式和方法，让读者拥有更多选择。最后一章列举了生活中可能出现的各种即兴演讲情境，并明确了不同类别即兴演讲的方向和内容。

全书语言平实浅显，方法清晰实用，举例生动有趣，能够帮助读者更加清晰和全面地了解即兴演讲的要义，掌握一定的即兴演讲技巧，有效提升读者在面对即兴演讲时的勇气和信心。同时，这也是一本优秀的演讲工具书，读者可以对照书中的内容，勤加练习、熟练掌握。如此一来，即使在未来的学习、工作和生活中，读者遇到需要临时进行演讲的场合，也一定能够从容和镇定地面对。

刘勰在《文心雕龙》中写道："一人之辩，重于九鼎之宝；三寸之舌，强于百万之师。"演讲蕴藏着深厚的思想与力量，能够在关键时刻，发挥出意想不到的作用。古往今来，优秀的演讲者不计其数，他们在大殿上舌战群儒，在战场上劝退来兵，搅起一方土地的风云变幻，展现出极强的语言表达能力。但是，即兴演讲并不是一项天赋能力，只有经过一定时间的刻苦练习，才能取得进步与成绩。

期待在阅读这本书之后，我们每个人都能成为词句精练、有理有据、内涵深刻的即兴演讲家！

李涵

2023 年 10 月

目 录

第一章 即兴演讲，随时随地来一场

1. 兴之所至，有感而发 / 002
2. 你要会选演讲主题 / 006
3. 透过现象聊本质 / 010
4. 有风度更要有风格 / 014
5. 即兴思维的力量 / 019

第二章 即兴演讲，修炼基本功

1. 紧张是一种常见状态 / 024
2. 即兴演讲的魔法公式 / 028
3. 演讲并不是讲自己 / 032
4. 金句脱口而出的秘密 / 036
5. 三秒想出关键词 / 040

第三章 开场，是演讲成功的一半

1. 让人忘不了的自我介绍 / 046
2. 万能的"即兴"开场白 / 051
3. 用蒙太奇手法调动氛围 / 055
4. 暖场的魔法公式 / 059
5. 偷换"你们"成"我们" / 063
6. 逆向开场的方法 / 067
7. 站在听众角度来开场 / 071

第四章 即兴演讲小技巧，为你的演讲加分

1. 第一秒勇敢站起来 / 076
2. 语速的快与慢 / 080
3. 巧妙发挥声音的力量 / 084
4. 让演讲姿势增添你的光彩 / 088
5. 牵着听众的情绪走 / 092
6. 演讲手势，增强即兴演讲的感染力 / 096

第五章 控场，让演讲变成你的脱口秀

1. 游戏控场力，调动观众的舞台参与感 / 102
2. 玩梗补救，及时补救口误 / 106
3. 循循善诱，像相声一样"抖包袱" / 109
4. 学会用玩笑回避问题 / 113
5. 巧妙引出主题的点睛之笔 / 117
6. 面对突如其来的提问怎么办 / 121
7. 坚定自信但不要咄咄逼人 / 125

第六章 终场，戛然而止让听众还想再听

1. 巧用"豹尾"，甩现场有力的一鞭 / 132
2. 一个话题开头，十个话题结尾 / 136
3. 点到为止，结尾要恰到好处 / 140
4. 适当透露秘密，让终场变成高潮 / 144
5. 不要画句号：结束不是终点而是起点 / 148

即兴演讲：关键时刻不要输在表达上

第七章 生活中，处处是即兴演讲

1. 三十秒法则：闲聊时抓住最佳演讲时机 / 154
2. 婚宴演讲：说些令人印象深刻的场面话 / 158
3. 小众演讲：善说往事，能谈未来 / 162
4. 领导演讲：空话细说让员工心悦诚服 / 166
5. 职场演讲：临场发挥其实很简单 / 170
6. 面试演讲：巧妙吸引面试官 / 175

第一章
即兴演讲,随时随地来一场

1.

兴之所至，有感而发

> 即兴演讲，是指演讲者在一定的情境中，自发或者被要求立刻进行讲话的一种演讲行为。它具有很强的随机性，演讲者没有办法提前准备文稿，只能有感而发。

1993年9月23日晚，北京电视台在五洲大酒店设立了直播现场，国际奥委会主席萨马兰奇在万众期待中出现在晚会的屏幕上，说道："感谢北京……"

仅仅几个词，已经点燃了现场观众的热情，他们纷纷以为北京申办成功，开始在台下雀跃庆祝。当时在台上压轴演出的"急智歌王"张帝也陷入了欣喜的情绪之中，这时他突然发现，国际奥组委给到的画面是悉尼街头欢呼的场景，张帝的心随之揪了起来，赶紧告知周围人员要保持冷静，可能理解有误。

确认是悉尼"申奥"成功后，张帝艰难地握住话筒，随后展

第一章
即兴演讲，随时随地来一场

现出他的沉着与冷静，发表了一段简单的即兴演讲："我要说，其实北京已经胜利了，真的，我们赢了！各位从电视转播中已经看到，北京已经成为世界的焦点。奥运重在参与，我们已经走上国际的舞台，这是我们的骄傲！我觉得我们每个人都尽了我们的全力，为我们的国家作了贡献。我们刚才的狂喜和现在冷静地坐在这里，正代表了我们泱泱大国的风度。我们遵守奥林匹克精神，要继续走在这条路上！"

这是一场完全没有准备，又不得不发表的即兴演讲，在这种特定的争议时刻，张帝从容发表的这段高水平演讲，既安抚了现场观众的情绪，又从侧面彰显了他的睿智与机敏，是一次成功的即兴演讲。

即兴演讲是一种独特的演讲方式，通常要求演讲者在准备不充分甚至根本没有准备的情况下发表演讲，因此讲究兴之所至、有感而发。

兴之所至，是指演讲者要在一定的情境中，产生发表演讲的想法和兴致，这是即兴演讲产生最主要的原因。当然，也存在着一些即兴演讲是被其他人所要求完成的，这也是基于情境临时产生了需要演讲的情况，也同样是一种"兴之所至"。

有感而发，则是指演讲者在一定的情境中产生触动和感悟，想要把自己此刻的思想生成演讲内容，并将它传递出去。这也就要求即兴演讲一定要言之有物，有充实的内容和观点。

无法做充足准备工作的"兴之所至，有感而发"，是即兴演讲

即兴演讲：关键时刻不要输在表达上

区别于其他演讲的最显著特征，这也决定了即兴演讲拥有暂时性和针对性两个较为明显的特性。

明显的暂时性，是即兴演讲的基本特性之一。因为即兴演讲的发生往往有着特定的环境，但特定的环境是短暂出现的，并不会长久存在。在这种环境中，演讲者所产生的演讲灵感、欲望和冲动多是暂时的。即兴演讲者一定要善于抓住这短暂产生的演讲欲望和想法，这会让演讲内容更加充实，也更加贴合当下的环境，还能够有效提升演讲者的演讲状态，收获不错的演讲效果。

虽然即兴演讲拥有暂时性，但演讲内容却不具有暂时性，其中所包含的演讲者的情感、思维和价值，不会随着演讲的结束而消失，它们会在一定时间内对演讲者和听众产生积极影响，如果通过录音、录像等手段记录下来，影响的时间则会更长。一些关于名人即兴演讲的小故事，至今仍对我们有所启迪，便是最好的例子。

很强的针对性，是即兴演讲的另一基本特性。成功的演讲往往都具有很强的针对性，容易抓住听众的注意力。

一般来说有备演讲有提前选定的主题，演讲者可以进行更加全面和充足的准备，在普适性方面，要比即兴演讲宽泛一些。而即兴演讲，通常是由具体环境和具体事件引起的，同一篇演讲放入另外的情境中，可能就会显得有些奇怪和突兀，并不适用。

1938年4月7日，郭沫若在出席汉口北部旧华商跑马场举行的广场歌咏会时，发表过一篇即兴演讲。当时，恰逢台儿庄大捷的消息传来，现场雄壮的歌声和胜利的喜报相互辉映，演出者和观众都很激动。这种沸腾的情绪也影响着郭沫若,他即兴作了一篇演讲。

歌咏是最感动人的。歌咏的声音能把人们的感情意志立即融成一片,化为行动。从积极方面来说,歌咏可以团结自己的力量。从消极方面来说,歌咏可以涣散敌人的军心。汉高祖的谋臣张良曾经利用歌咏的力量涣散了楚霸王的兵士。楚霸王尽管有拔山盖世之勇,终于敌不过歌咏的声音。目前我们的敌人尽管是怎样横暴,尽管有多辆的大炮飞机,我们要准备着用歌咏的力量来把它摧毁。我们要用歌咏的力量来扩大我们的宣传,我们要用歌咏的力量来庆祝我们的胜利……

这篇演讲稿,深刻体现出"兴之所至,有感而发"的即兴意味,郭沫若在短时间内抓住了想要演讲的欲望,并与当时所处的环境紧密结合,彰显出了即兴演讲的暂时性和针对性。

另外,体育评论员对体育比赛的现场评论,也属于即兴演讲的一种,同样能够体现出明显的暂时性和很强的针对性。这两个特性能够让演讲者情绪饱满、充满热情,演讲也能够达到有备演讲所没有的真实和生动。

2. 你要会选演讲主题

> 演讲作为一种社会性活动,其主要目的是与听众争取最大限度的共同性,即"取得共识,建立同感"。一个好的演讲主题,一定能够激发听众的兴趣,这有利于演讲内容的表述和演讲者思想的传播。

钱玄同是我国著名的思想家、语言文字学家和教育家,也是新文化运动的倡导者。

钱玄同曾任北京大学和北京师范大学的教授,在北师大中文系进行的一次音韵学即兴演讲,至今仍作为教学案例广为流传。钱玄同在讲到"开口音"和"闭口音"的区别时,临时想到了一个生动的例子,说有一位研习京韵大鼓的女艺人,在一次事故中碰掉了两颗门牙,于是不到万不得已,她绝不开口。这位女艺人受邀去参加宴会,有人问她:"贵姓?""姓胡。""多大年纪？""十五。""家住哪里？""保安府。""干什么工作？""唱大鼓。"

后来，这位女士镶嵌了两颗金牙，再与人交谈时，便换了一种说法："贵姓？""姓李。""多大年纪？""十七。""家住哪里？""城西。""干什么工作？""唱戏。"

女艺人对同一问题采用了不同的回答，前者是不想让人看见她牙齿的缺失，后者是又想让人看见自己的金牙。这段临场发挥的小故事生动形象地向学生展示了什么是开口音，什么是闭口音，寓教于乐的方式很快吸引了学生的注意力。

即兴演讲虽然是"兴之所至，有感而发"，但演讲者也不能全凭兴致和感触，随便乱说。一定要在演讲中传达出自己的主张和观点，这就需要演讲者慎重地选择话题，争取能够给听众带来一定的启发。

卡耐基是美国著名的演讲教育家，他曾经说过："无论是鲇鱼、旋风还是流水，只要你比听众了解得更多，都可以成为能够引人入胜的话题。"在前面故事中，钱玄同能够讲出这段精彩的小故事，就是因为他非常了解开口音和闭口音的不同，例子能够信手拈来，而台下的学生对这一知识并不能完全掌握，就会被老师的例子吸引，并加深对课程知识的了解。

很多事物和现象都可以形成话题，但并不都适合作为即兴演讲的主题，演讲者需要慎重选择。

首先，即兴演讲要选择自己能讲的主题。

既然是演讲，那么演讲者一定要传达自己的观点或者思维，

即兴演讲：关键时刻不要输在表达上

如果对于一个主题，自己都没有了解，没有想说的内容，那就不能选择这个主题。

自己能讲，是指演讲者能把这个话题讲清楚、讲明白。这就要求演讲者所选择的话题，一定得是自己有所了解、有一定知识储备的话题，否则很难做到有内容可谈，更别提引起听众的兴趣和共鸣了。

卢那察尔斯基是苏联著名教育家和艺术理论家，也是一名出色的即兴演讲家。一天，他在教育工作者会议上做报告，面对台下的艺术工作者，他发表了一段描绘国家艺术发展场景的即兴演讲。而这段演讲结束之后，戏剧界的代表又来到了礼堂，他只好又继续发表了对戏剧创作问题的即兴演讲。结束这边的演讲后，卢那察尔斯基又赶到了文艺家代表大会上，做了关于但丁创作问题的即兴演讲。

卢那察尔斯基能够在一天时间内发表如此多的独到见解，主要原因是他学识渊博，在各个领域均有所涉猎。因此，如果演讲者想要拥有更多的可讲话题，就必须扩大自己的知识面和知识储备，比听众了解得更多，才能够游刃有余地面对多种演讲情境。

其次，即兴演讲要选择听众爱听的主题。

听众是演讲者关注的重点，演讲者必须根据不同的听众群体，选择不同的演讲内容，做到让听众感兴趣，能够坐得住、听得进、想得多，继而与演讲者产生一定的情感共鸣。

我国当代演讲家李燕杰曾经说过，听众对演讲者本能有一种"弹性"，而演讲者只有讲听众爱听的话题，才具备能把观众吸引过来的"磁性"。听众爱听的话题，需要满足听众某些需求，如求知欲、好奇心以及触动、启发等。很多时候，演讲者还需要根据现场听众的反应，适当调整演讲主题。

最后，即兴演讲要选择有益的主题。

也许有些人会说，即兴演讲既要选择自己了解多的内容，又要能够引起读者的兴趣，那演讲者岂不是可以选择一些小众知识或者猎奇内容进行演讲？这样其实是不行的。

即兴演讲所选择的话题，一定要是积极向上的，能够在才学、见识、道德、品行等方面，对听众产生正面的影响和提高。例如，在婚礼发言时，就应该讲一些亲情、爱情或者友情的话题，一些低级趣味的玩笑则难登大雅之堂。

选择合适的演讲话题对即兴演讲来说至关重要，演讲者可以根据特定的时间、特定的地点、特点的听众来选择。自己能讲是从演讲者本身出发，听众爱听是从听众角度出发，内容有益则是从社会贡献出发，这三者共同构成了即兴演讲的选题标准。如果演讲者熟练掌握这个秘诀，便能找准演讲选题，完成一次精彩的即兴演讲。

3.

透过现象聊本质

> 演讲主题思想的确立，就是即兴演讲的立意。立意是演讲的灵魂和统帅，其中的具体内容都要服从它的调派和安排，表达方式、表现手法、语言、逻辑也全部要为它服务。确定立意是演讲最重要的一个步骤，绝对不能忽视。

2022年8月11日晚，雷军站在舞台上，现场气氛显得有些紧张。演讲之初，他开始讲述自己的人生经历，特别是那些低谷时期。他描述了自己如何从一个小公司的创始人，经历各种困难和挫折，最终创立了今天的小米公司。然后，他说出了那句让现场观众感到震撼的话："永远相信美好的事情即将发生。"这不仅仅是他的座右铭，也是他在面对困难时给自己的鼓励。

在他人生低谷时，这句话是如何给他带来力量的。当公司面临破产、团队开始动摇，当一切都似乎即将崩溃时，他就会对自己说："永远相信美好的事情即将发生。"最后，他还分享了穿越人生低谷的感悟。正是因为有了这样的信念和勇气，他才能够一次次地克服困难，最终取得了今天的成功。

"永远相信美好的事情即将发生。"这个演讲的立意非常明确和积极。雷军通过自己的经历和感悟，告诉听众即使在人生低谷，也要有信心和勇气去相信美好的事情即将发生。无论面对什么困难和复杂的情况，都不能失去信念和勇气。这样的立意能够深刻地触动听众的内心，使他们身处困境时，也能够有信心和勇气去面对。

明末清初学者王夫之说过："无论诗歌与长行文字，俱以意为主。意犹帅也，无帅之兵，谓之乌合。"他将立意比作文章的统帅，生动、形象地指出了立意对于文章的重要性，这一点，在即兴演讲中也同样适用。

演讲的立意是对中心思想的确定和思考，演讲者要选择鼓舞人心、使人醒悟、催人上进等积极的主题，不管演讲是长是短，也不管内容有多么复杂，都不能遗忘这个重要的立意。因此，即兴演讲者要工于炼意、巧于立意，在选择立意时，一定要格外慎重。

第一，即兴演讲的立意一定要正确、准确。

一篇演讲的立意，首先应该是正确的，它要符合事物的发展规律，符合自然科学和社会科学的相关知识，符合我们当下社会所倡导的价值观。一篇观点错误的即兴演讲，不仅不会收获想要的演讲效果，还可能为演讲者带来麻烦和问题。

其次，即兴演讲一定要考虑进行演讲的地点和环境，以及听众的类型和喜好，这样才能够准确确定立意，找到最应该提及的问题和观点。

第二，即兴演讲的立意要足够新颖。

法国作家巴尔扎克指出："世界上第一个用鲜花比喻美女的人是天才，第二个再用鲜花比喻美女的人是庸才，第三个还用鲜花比喻美女的人就是蠢材。"这段话讽刺了艺术创作上的模仿、抄袭等行为，也充分说明了内容新颖的重要性，这在即兴演讲中也同样适用。

立意新颖是指演讲中要有自己的独到见解，能够带给听众新鲜感，满足听众的好奇心。听众总是希望在自己所知道的内容和知识之外，听到一些不了解的东西，老生常谈只会让听众产生厌倦心理。这就要求演讲者在演讲中独立思考，在其中倾注自己的独特感受与评价，尽量规避一些常见的比喻或者俗语，开发自己的想象，选择新奇的观点作为自己的演讲立意。如果实在没有好的想法，也可以尝试在老话题上推陈出新，给听众带来一场特别的听讲体验。

第三，即兴演讲的立意要足够深入。

2015年1月，俞敏洪在北京大学发表了名为《把平凡日子堆砌成伟大人生》的演讲。在演讲中，他先讲了一个蜗牛与雄鹰攀爬金字塔的故事，而后话锋一转，将话题引入自己要演说的主旨"人的进步是一辈子的事情"上。这之后，俞敏洪又谈到了自己的榜样徐霞客，介绍了自己学生时期、创业时期的故事。

在演讲的最后，俞敏洪并没有将话题停留在自己的故事上，而是深入挖掘了故事背后的深意，借此提出了自己的观点：人的一生是奋斗的一生，但有的人一生过得很伟大，有的人一生过得很琐碎。如果我们有一个伟大的理想，有一颗善良的心，我们一定能够把很多琐碎的日子堆砌起来，成就一个伟大的生命。

演讲立意深，是指演讲者在演讲中所提出的观点、主张或者抒发的感受，能够深刻揭示事物的本质和发展规律，给听众带来一定的启发，而不是过耳即忘。立意深刻的演讲，要做到透过现象看本质，深入挖掘事物背后所蕴含的意义，这样才能让听众在演讲中获得愉悦的体验。

即兴演讲与写文章一样，都应该做到"意在笔先"，因此，演讲者最好提前确定好自己的立场和观点，并且要确保这个立意符合时代精神和历史进步方向。这样，演讲内容才能够清晰、明确，获得更多听众的支持与认可。

4.

有风度更要有风格

> 演讲者在生活阅历、情感体验、艺术审美、意志品质等方面存在着诸多不同,这种内在的个体差异让他们的即兴演讲呈现出多种多样的风格。演讲风格是演讲者个性和特点的表达,也是演讲者区别于他人的重要标志。

年轻的朋友们:

演讲对于我倒不是件难事,然而要不多不少恰好"五分钟",却使我感到困难。而主席又只要我做"五分钟"的滩头讲演,让你们好早点跳下海去,作你们的青春之舞泳。

我想,本来我可以这么开始我的演讲:"各位先生,各位女士,请大家沉默五分钟!"于是当大家沉默到五分钟的时候,我便说:"沉默毕,我的讲演完了。"

大家假如要反诘我:"你向我们作五分钟的演讲,为什么叫我们沉默五分钟呢？"我可以理直气壮地回答："朋友，人们不是说'沉默胜于雄辩'吗？"

本来我可以这么开始我的演讲的，但是我听了前面一位先生两分钟的演讲，太漂亮了！他说："人民作家萧红女士一生为人民解放事业奔走，到头来死在这南国的海边，伙伴们把她埋在这浅水湾上。今天，围绕在她周围的都是年轻人，今后的日子里，不知有多少年轻人围绕着她。朋友们！我们是年轻人，我们没有悲伤，我们没有感慨，请大家向萧红女士鼓掌。"太好了，我的五分钟讲演只好改变计划了，让我把年轻人引申来说一下吧。

——郭沫若《在萧红墓前的五分钟演讲》

郭沫若的这场"五分钟"演讲巧妙地融合了自嘲、幽默和哲学深度，通过出人意料的反转和引用名言"沉默胜于雄辩"，不仅吸引了听众的注意，还在简短的时间内传达了深刻的思考和激励，展示了他作为学者和思想家的独特演讲风格。

18世纪法国博物学家和作家布封曾在《论风格》中写道："风格才是人的本身。因此，风格既不能被消除，不能被窃取，又不能被改变。"在演讲中也是如此，有多少人演讲，就有多少种演讲风格，不同的风格能够让演讲者在听众心中留下不同的印象。

演讲风格并不是在一朝一夕间形成的，通常需要长期的积累和实践，才能形成自己的特色。因此，我们一定要牢牢把握住即兴演讲的机会，在实践中多多摸索，找到适合自己的表达方式和表现技巧，为演讲增添光彩，并给听众留下深刻的印象与启发。

即兴演讲：关键时刻不要输在表达上

虽然每个人的演讲风格都不尽相同，但我们仍旧可以将这些风格大致划分为四种。通过对这四种风格的了解和学习，我们可以找到自己的风格定位，形成演讲特色。

第一种，昂扬型。

昂扬型是指刚健、豪放的演讲风格，这需要演讲者情绪激昂、感情充沛，给听众带来极大的感染力。例如，闻一多先生发表的《最后一次演讲》就属于这种风格："正义是杀不完的，因为真理永远存在！历史赋予昆明的任务是争取民主和平，我们昆明的青年必须完成这任务！我们不怕死，我们有牺牲的精神！我们随时像李先生一样，前脚跨出大门，后脚就不准备再跨进大门！"

从文字上，我们也能够感受到这篇演讲的慷慨激昂，闻一多先生把对敌人的恨意，以及对朋友、人民的信心和希望表达得淋漓尽致。其中对反动派的质问和情感饱满的呐喊，让现场所有听众为之动容，收获了很好的演讲效果。

这种演讲风格的演讲者，一般音域宽广、音色响亮，在演讲中始终保持着饱满的精神状态和激越昂扬的情绪，再配合幅度较大的手势和动作，便会给听众一种澎湃宏阔、奋发向上的感觉。

第二种，深沉型。

深沉型是指凝重、深邃的演讲风格。这种风格适用于思想深刻、感情较为内敛、情绪起伏比较小的即兴演讲，但其中所包含的思想内容往往又是深刻的。鲁迅的演讲大多属于这种类型，郭沫若的《在萧红墓前的五分钟演讲》和林肯《满怀信心,迎接未来》的告别演讲也都属于这种类型。

深沉风格的即兴演讲，一般需要演讲者具备较高的演讲功力和深厚的思想内涵，音色自然朴实，语气委婉亲切，情绪不需要过大的变化，手势和动作也不用特意设计。演讲者只要能够将复杂深奥的道理和感情，变成听众能够理解，并可以从中获益的表达即可。

第三种，严谨型。

严谨型风格的演讲，通常要配合理性、精深的演讲内容。这种演讲最讲究实事求是，需要对客观事物进行冷静的分析。这种演讲风格常常出现在学术报告、科技论坛、法庭诉讼、政府发言等演讲中。

运用这种演讲风格的演讲者，往往要保证演讲内容的正确与严谨，具有较强的逻辑性。而演讲中所使用的动作或手势，也要选择更加平稳和得体的方式，提高听众对演讲内容的信服度。

由于这种风格的即兴演讲语言平稳流畅、质朴简练，可能不会立刻激发听众的热情和共鸣，现场效果也不会非常热烈，但其中所蕴含的深刻内涵，却会在演讲结束后对听众产生持久影响。

第四种，活泼型。

活泼型是指轻松幽默、生动形象的演讲风格，这种风格的演讲，选题往往小巧别致，内容也更加新颖有趣。

活泼型演讲风格，一般存在较大的音调变化，手势和动作灵活轻捷，表情和语言都带有一定的戏剧性，让听众露出笑意。

需要注意的是，演讲风格并不是一成不变的，而是会随着演讲者的年龄、阅历和修养等发生改变。针对不同的演讲对象、演

即兴演讲： 关键时刻不要输在表达上

讲话题和演讲环境，演讲者的演讲风格也可能会随之发生改变或调整，以达到更好的演讲效果。

演讲风格并没有绝对的好与坏，只要秉持着真实和自然两个基本原则，找到最适合自己的风格，那便是最好的演讲风格。

5.

即兴思维的力量

> 语言是思维方式、思维品质和思维特征的外部表现,即兴演讲其实就是即兴思维的一种表现形式。注重对思维方式的培养,能够让我们更加轻松、从容地面对即兴演讲。

"作为一种心理现象,忌妒是一种病态心理的反映,常常表现为'以小人之心度君子之腹';作为一种思维意识,忌妒反映了心胸狭窄和品格的低下;而作为一种社会现象,忌妒则是民族精神的一种腐蚀剂,国家兴旺发达的绊脚石。总而言之,忌妒是一种卑劣的心理。"

这是一位主持人针对忌妒心理发表的一段即兴演讲,其中展现了出色的归纳总结思维。演讲者从三个不同的角度深入浅出地分析了忌妒的影响,并在最后用一句话精练总结了观点,使复杂的分析得以简明扼要地呈现。这种从具体到一般,再到总结的思

即兴演讲：关键时刻不要输在表达上

维方式，是即兴演讲中非常有效的表达策略。

即兴演讲中的选题、立意、思路、内容以及表达方式，都是即兴思维的一种表现。因此，想要提高即兴演讲的水平，先要提高即兴思维的能力。

即兴思维是直觉思维、联想思维、逻辑思维等多种思维方式综合作用的产物，每种思维都有着各不相同的特点，在即兴演讲中发挥着不同的作用。

直觉思维，让我们对即兴演讲有整体的把握。

直觉思维，也叫灵感思维，是指人们仅仅依据自身的感知，迅速对事物做出判断、猜想或者设想。这种思维会让我们突然产生茅塞顿开、思如泉涌的感觉，对事物产生一定的灵感与顿悟。这种思维方式与理性的逻辑思维方式不同，但它绝对不是完全非理性的，而是省略了一些分析步骤，让人们凭借着丰富的经验和娴熟的技巧，直接从感性材料中领悟事物的本质。

在即兴演讲中，直觉思维方式能够让演讲者凭借直觉，迅速理清自己所面对的情况特点，快速找到准确的选题和立意，从而把握演讲的整体框架。例如，我们经常需要面对在会议中进行即兴演讲的情况，这个时候，直觉思维能够迅速帮助我们分析参会人员的身份、立场和态度，也能够帮助我们把握会议的宗旨以及组织者希望我们在演讲中讲述的内容，从而在短时间内确定好演讲的大概框架，让临场发挥也能有一定的准备。

联想思维，让即兴演讲充满感情。

在人们脑海中，会由某种事物和现象引起对另外一种事物和现象的想象，这种思维方式即为联想思维。可以分为接近联想、类似联想、对比联想和因果联想。例如，通过类比其他企业优秀案例，想到如何应用于自身企业；通过普通的小草，想到顽强拼搏的奋斗精神；通过短暂的黑暗，联想到一片光明；通过做出的成绩或者造成的事故，分析其造成如此结果的原因等，都是在运用联想思维。

联想思维可以把相关内容在脑海中生动地连接在一起，能够触发情感和启发思路，对即兴演讲起到非常重要的作用。即兴演讲研究即时即景，演讲者可以根据当下情况，触发很多的联想，激发出想要演讲和表达的强烈欲望，这就是触发情感。而启发思路则是指联想可以帮助演讲者把想到的内容快速组合起来，确定即兴演讲的大致顺序和结构。

联想思维可以把演讲者的才思和知识充分调动起来，并可以将这些信息和内容合理组合，快速在脑海中形成一篇大致的演讲稿。如此一来，演讲者更容易把握演讲内容，听众更便于接收信息，其中所蕴含的思想和态度，也往往能够给双方留下更加深刻的印象和触动。

逻辑思维，让即兴演讲的表达更加严密。

逻辑思维是一种抽象的、理性的思维活动，是指我们遵循逻辑规律而进行的思维活动。逻辑思维要求人们在思维中要保有明确的概念和恰当的判断，即便是推测，也要合乎逻辑。这是我们

即兴演讲： 关键时刻不要输在表达上

认识真理、总结事物本质和规律的重要思维方式，也是演讲者正确表达思想的关键所在。

思想是一种无声语言，通常具有片面性、短暂性和模糊性。而要把这些想法转变成为一种有内容、有道理、有结构的演讲，则需要我们运用逻辑思维，对它们进行梳理与整合，从而形成清晰、连续的语言并表达出来。因此，逻辑思维可以让即兴演讲更具有逻辑性，让听众产生更多的信服感。

即兴思维虽然以已有的科学知识和逻辑经验为基础，却又不完全受到它们的束缚，可以在一定程度上摆脱传统结论，打破思维定势，实现突破与创新。即兴思维的本质，其实是一种创造性思维，这需要演讲者的精神高度集中，思路极为活跃，综合运用直觉思维、联想思维和逻辑思维等多种思维方式。

在即兴思维的作用下，各种信息和情景会纷纷涌入演讲者的脑海中，灵感的火花也会随之而来。那么，在这种情况下进行的即兴演讲，便是富有创造性的，往往能够给听众留下深刻的印象，取得不错的演讲效果。

第二章
即兴演讲,修炼基本功

1.

紧张是一种常见状态

> 紧张是心理学上的一种常见情绪状态，也是人们生活中不可避免的本能情绪。心理紧张可以提高警觉度，让大脑做好准备。对即兴演讲者来说，紧张的情绪更容易让他们进入巅峰状态。

吴优是某保险公司的销售主管，他在私下和客户沟通、交流完全没有问题，但站在很多人面前时却紧张地张不开口。这是因为他下意识地认为自己只要站到台前就一定讲得不好，所以无法当众分享一些内容。

他因为惧怕当众表达，所以很少给团队开会，以至于很多新入职的员工来了很久才知道他是销售部门的主管。每次公司让他给大家分享一下经验，他都拒绝，这让他失去了很多晋升的机会。有一天，吴优终于无法忍受这样的自己，便去咨询做演讲老师的同学如何改掉这个毛病。

　　同学告诉他，是因为他给予自己过多的消极心理暗示，才让他越来越害怕当众说话，如果能使用积极的心理暗示给予自己鼓励，慢慢地就能克服这种紧张的情绪。

　　吴优听了同学的话，每天给予自己一些"我可以的""我一定能讲好"等积极心理暗示，没过多久，他就能站在组员面前进行培训和组织会议了，每次公司的经验分享他也不再拒绝，工作也因此越来越顺利。

　　绝大多数人在即兴演讲前，都会产生紧张的情绪。著名演说家马克·吐温都坦言在他第一次演讲时，因为紧张，脉搏跳得就像是在田径赛跑一样。名人在演讲时尚且会紧张成这样，更何况我们这些普通人。

　　不知道大家有没有考虑过"我们在说话前为何会紧张"这一问题。仔细思考可以发现，紧张这种情绪其实源自想得太多，大多数人在说话前总有这样或那样的担心，或担心自己表现不佳，或担心听众对所讲的内容提出疑问，或担心听众提一些自己没有办法解答的问题。

　　紧张是一种非常普遍的状态，"如果有人不会紧张，那么他该去看医生了，因为他的神经可能有些问题"，无论是整日活跃在大荧幕面前的演员、歌手，还是频繁在台前侃侃而谈的演说家、主持人，在上台之前无一不会感到紧张。

　　有人可能会问："为什么完全看不出来他们紧张呢？"只能说

即兴演讲：关键时刻不要输在表达上

他们有窍门，可以将紧张情绪隐藏得很好，并巧妙地将其转化为演讲的催化剂。一定的紧张感能促使演讲者分泌更多的肾上腺素，让其能在演讲时更容易达到巅峰状态。

换句话说，适度的紧张能让我们更重视演讲本身，从而更好地调动我们表达的激情。但一旦紧张过度，好事也就变成了坏事。所以想要做好即兴演讲就一定要学会克服紧张情绪，将紧张的程度维持在一个可控的范围内。

那么如何克服即兴演讲时过度紧张的情绪，来促使自己达到演讲的巅峰状态呢？

第一，深呼吸控制紧张情绪。

深呼吸是控制紧张情绪的一种有效方式，因为氧气的吸入能让我们慢慢平静下来。当收到即兴演讲任务紧张得不能自已时，可以利用走上演讲台的间隙，来做深呼吸。

标准的深呼吸是要先深深吸气到腹腔，然后再缓慢呼出，这样重复三次，即兴演讲前的紧张情绪便可以得到缓解。

第二，正面心理暗示缓解过度紧张。

很多演讲者在演讲前总是会利用负面的心理暗示来缓解紧张情绪，反复用"不紧张、不紧张"来进行自我催眠。这种方法或许对于有舞台经验的人来说很适用，但对没有经验的演讲者却是不适用的。

即兴演讲者大多是临时被叫上去讲话的，这时使用负面的心理暗示不仅不会帮助演讲新人缓解紧张，反而会让他们越来越紧张，因为大脑在高度紧张的状态下，潜意识是不会区分"不""无"

"没"等否定词语的。

解决这种问题的方法其实很简单,只需将这种负面的心理暗示换成正面的、积极的心理暗示即可。我们可以采用"加油!我一定可以的""能被选中登上舞台我已经很棒了""加油!加油!加油"等语句来进行正面心理暗示,就像前文案例中的吴优一样,久而久之,就能让自己紧张的情绪得到缓解,敢于在公众面前进行即兴演讲了。

紧张可以说是即兴演讲的衍生品,几乎没有人能在即兴演讲时完全消除这种情绪,但是凭借上述方法,却可以将它维持在可控范围内,利用它让每一场即兴演讲都精彩无比。

每一次即兴演讲,都用"站上舞台的我们,就是全场最棒的那个人"的心态去对待,那么你的演讲效果一定不会差。

2. 即兴演讲的魔法公式

> 数学有公式，物理学有公式，心理学也同样有公式。在即兴演讲中，只要我们运用表达心理学的万能公式，就可以随时随地"套版"，进行一场精彩的即兴演讲。

在婚礼现场，新郎的好友小樊被主持人要求站起来讲两句。小樊平时比较社恐，但让大家没想到的是，这次小樊竟然大大方方地站了起来。

小樊说道："在今天这个大喜的日子里，我的心情非常激动，也很荣幸能站起来说两句。新郎、新娘是大学同学，我跟新郎是舍友。他们俩从大学时候感情就好，是我们大学的爱情标兵。今天他们二人步入婚姻殿堂，修成正果，我们这些见证人都非常高兴。希望新郎、新娘今后日子越过越红火，感情越来越深厚！谢谢大家！"

小樊演讲完毕，现场爆发出热烈的掌声，同学们也对小樊刮目相看。

大家都知道，数学、物理、化学这种理工科目，几乎每天都要跟各种各样的公式打交道。可大家知道吗？即兴演讲也有一个万能的魔法公式，不管什么场合，只要套用这个公式，就能让你的演讲顺利开场，顺利进行，顺利结尾！

这个万能的魔法公式，就是**"场合＋心情＋回顾过去＋浅谈未来"**。

以小樊的演讲为例，他在婚礼上的即兴演讲，其实就套用了上面的公式，我们一起来分析一下。

在今天这个大喜的日子里（场合），我的心情非常激动（心情），也很荣幸能站起来说两句。新郎、新娘是大学同学，我跟新郎是舍友。他们俩从大学时候感情就好，是我们大学的爱情标兵。（回顾过去）今天他们二人步入婚姻殿堂，修成正果，我们这些见证人都非常高兴。希望新郎、新娘今后日子越过越红火，感情越来越深厚！（浅谈未来）谢谢大家！

瞧，只要记住这个公式，是不是就能让即兴演讲变得很简单了？

有时候，"场合"和"心情"也是可以合并来说的，而且在悲伤场合这个公式也依然适用。比如在致悼词时，我们同样可以使用这个公式："在这个无比沉痛的日子里，我们一起来怀念他。还

即兴演讲：关键时刻不要输在表达上

记得……如果有天堂，希望他能开心快乐，也希望我们活着的人能永远怀念他。从此，我们将不惧怕死亡。"有了这个公式，任何场合，我们都可以用一种无比真诚的态度，来进行即兴演讲。

那么，在使用公式进行即兴演讲时，我们又要注意哪些问题呢？

第一，要注意形式简短，不要长篇大论。

需要即兴演讲的场合主要包括婚礼场合、葬礼场合、生日宴会、团建活动、公司年会、欢迎会、欢送会等。在这些场合中，即兴演讲主要起烘托气氛的作用。如果即兴演讲占用的时间过长，反而会让现场气氛变得尴尬，让听众产生烦躁情绪。

恰到好处的简短演讲，不但能让即兴演讲进行得更加顺利，还能避免长篇大论的空洞说教，是一种一举两得的好办法。

第二，演讲内容、演讲人的神态与动作要符合场合。

有些人天生幽默，也很喜欢做夸张的肢体动作。但是，即兴演讲一定要分清场合。就像公式里第一个环节，一定要根据场合，正确表达当下的心情。如果是沉痛的场合，就尽量避免说俏皮话；如果是热闹欢快的场合，就尽量不要板着脸，多笑一笑。要知道，得体的演讲内容、合适的姿势与动作，都能成为即兴演讲时的得分点。

除了万能公式外，我们也可以套用一些万能模板。以**"场合+心情+回顾过去+浅谈未来"**为例。

"场合+心情"类：

感谢主人的盛情款待。

感谢主持人给我的发言机会。

感谢各位亲朋好友，百忙之中前来赴宴。

……

"回顾过去"类：

回想我跟××最初相识的时候。

回顾公司去年的发展。

还记得新郎、新娘刚认识的时候。

大家还记得上次团建的时候吗？

……

"浅谈未来"类：

祝愿新郎、新娘白头到老、恩爱万年。

最后，我谨代表组织部向大家表达最美好的祝福。

希望咱们公司越办越好，越来越红火。

我向大家保证，在今后的工作中一定再接再厉。

……

只要记住万能的魔法公式，再套用一些万能模板，最后加入自己的真诚发言，一场恰到好处的即兴演讲就新鲜出炉了。

3.

演讲并不是讲自己

> 大部分人将演讲看作单向输出，但从心理学角度看，演讲其实是一场双向输出。增加与听众的互动，可以调动听众的积极心理，从而更好地达到演讲者想要的效果。

罗飞是公司里出名的"演讲大师"，无论是工作会议还是年会活动，只要他起身演讲，现场都会爆发出热烈的掌声。

其实，在刚入职的时候，罗飞是一个很不擅长说话的人。罗飞的老领导见他不擅长说话，便经常带着他跟公司里的人聊天。先是两个人，然后是三个人，最后发展到了跟十个人一起聊天。

有一天，罗飞的老领导刚进食堂，就发现罗飞被十几个人围着，大家都津津有味地听他说话。老领导非常诧异，走上前一听，才发现罗飞的演讲很有鼓动性，并且兼顾到了每个人。因为做足了互动，所以罗飞的演讲显得生气勃勃。

第二章
即兴演讲，修炼基本功

后来，罗飞的老领导对大家说，像罗飞这样的演讲是不可能失败的，因为他不把它当作是演讲，而是当作和听众们聊天。

很多"罗飞"在演讲之初都很紧张，但只要越过了那条"线"，事情就会朝着相反方向发展。

每个人内心都会有条"线"，这条"线"之内便是内心的舒适区。不过，心理学上的舒适区并不是固定的，有目的性地扩大自己的舒适区，就会让原本敏感的部分逐渐钝感。曾经有一种益智类游戏风靡全球，吸引了许多名人参与其中，卓别林便曾与朋友在两年多的时间里，经常参与这种游戏，并从中获得了不少乐趣。

每次游戏时，卓别林与朋友们都会在小纸条上写一个题目，并且立刻站起来，根据这个题目说上六十秒。同一题目，他们从未使用过两次。玩这个游戏之初，他们都会不知所措。不过，自从玩了这个游戏，他们变得机敏了很多，对各式各样的题目也有了更多了解、更多准备。对他们来说，这个游戏突破了他们内心的舒适区，让他们越过了那条"线"。于是，他们成了能随时进行即兴演讲的专家。

回归到演讲层面，从演讲的宏观角度看，演说者与听众间建立的和谐关系是一切成功演讲的关键。而从即兴演讲的细节角度看，向一群人作即兴演讲，其实不过是在自家客厅里对朋友即兴谈话的扩大而已。

一些朋友认为，即兴演讲跟聊天之间的区别很大。毕竟，聊天时自己可以选择单纯当一个安静的听众，但即兴演讲则必须输

即兴演讲：关键时刻不要输在表达上

出些什么。可事实上，即兴演讲并没有想象的那么难。如果我们实在不知道说些什么，还可以利用如下几个方法，在突然被邀请时流畅地表达自己的想法。

第一，把即兴演讲的重心从"自己"换成"别人"。

很多人认为，演讲就是讲自己的事。但事实上，这种想法是一种刻板印象。毕竟对大多数人来说，我们没有那么多轰轰烈烈的故事和值得称颂的成功经验。

这时，我们不妨换一个角度，套用一些他人说过的话，或者他人曾经的经历来进行自己的即兴演讲。我们身边都有一些故事性很强的人，这时我们不妨给大家讲讲他们的故事。如果故事足够精彩，那么这也不失为一场成功而有趣的即兴演讲。

第二，演讲不是讲给自己听，而是讲给观众听。

大部分时候，尤其是在职场中，被人们要求做即兴演讲的都是行业领域内的翘楚。这些人并非没有渊博的知识，也并非不敢开口说话，只是他们太过专注于讲述自己的事情，并且在言语中夹杂了很多跳跃性的片段，或者大量的专业术语、专业名词。此时，就算演讲者讲得再激情澎湃，听众也会被专业术语拒之门外，无心再听下去。

例如，一位化学家要向听众解释催化剂在化学中的影响或对工业的贡献时，他如果照实说"这种物质能让其他物质改变而不会改变自身"，想必用不了多久，听众就会打瞌睡了。如果化学家换一种说法："它就像是个调皮的小男孩，不但在操场上蹦蹦跳跳，还推别的孩子，打乱其他孩子的队形，但他自己却安然无恙，从来没有被其他的孩子打过。"这就更容易让听众们理解了。

  所以，我们在即兴演讲时，不妨多讲些轻松有趣的小事，不要将即兴演讲变成报告会。考虑到听众的感受，听众才会更加喜欢我们。

4.

金句脱口而出的秘密

> 转移注意力是心理学上常用的手段,也是即兴演讲中非常实用的好方法。将听众的注意力转移到自己熟悉的领域,不但不会让你在人前露怯,反而会为你赢得"博学广闻"的美誉。

李梅是一名社交媒体经理,经常需要参加各种行业活动和研讨会。在一次在"数字营销趋势"的研讨会上,她突然被叫上台与几位行业专家一起讨论。

一开始,专家们谈论的都是一些深奥的营销理论和数据分析,这让李梅感到有些不适应。但她并没有慌张,因为她知道一个小诀窍:将话题转移到自己熟悉的领域。当轮到李梅发言时,她说:"其实,数字营销就像是种植一棵树。你需要耐心和时间,还需要'土壤'和'阳光'——也就是目标受众和合适的平台。"听众的注意力立刻被吸引了过来，因为植树是一个大家都能理解和接受的场景。李梅继续用这个比喻解释如何选择合适的社交媒体平台，如何分析数据等。

演讲结束后，有人上前与她交流，称赞她的观点既专业又易懂。事实上，李梅并没有行业专家们那样广泛的阅读量或深厚的学识，但她擅于简化话题，并将其转移到自己熟悉的领域进行解释。这让她在即兴演讲中表现自如，也赢得了听众的认可和尊重。

不管我们热爱演讲也好，对演讲犯怵也罢，都要承认——凡是满腹经纶、随时随地都能出口成章的人，基本上都是阅读广泛、学富五车的人。

越深厚的知识积累，越丰富的知识结构，就越能让人们无限接近"无所不知无所不晓"的境界。这样一来，无论别人谈论的是什么话题，他们都能顺畅地接上一句两句地道的内行话，实在是让人艳羡不已。

可是，大家虽然承认庞大的阅读量会对即兴演讲起到巨大作用，但对于原本阅读量没那么大的人，或者阅读量虽大，但却无法很好表达的人来说，这个方法没办法让他们很快做到即兴演讲。毕竟，积累阅读量是一个漫长的过程。

但是，大家有没有想过，其实"他能随时随地出口成章，是因为他阅读量巨大"这种想法本身就存在一定误区。因为随时随地出口成章，并不能证明对方真的博览群书，也有可能这个话题

即兴演讲：关键时刻不要输在表达上

刚好落在了对方熟悉的领域，或者对方很擅长把即兴演讲的内容，转移到自己熟悉的领域里。

比如一个不太喜欢看书却很喜欢研究食材的人，在一个历史交流会上被要求做即兴演讲，他就可以将历史引到食材上。比如"大家知道为什么秦始皇吃不到地三鲜吗？因为那时候土豆、茄子和青椒还没有传入中国"。随后，他就可以在自己熟悉的领域尽情发挥了。

这种方法在心理学上被称作注意力转移法，在即兴演讲，尤其是命题式即兴演讲中，这种方法是非常适用的。举个例子，一个很喜欢玩游戏的人，在年终总结时被要求做一个即兴演讲。大家都知道，玩游戏也是需要团队配合的，尤其是团战游戏，更是需要治疗师、远程战士、进程战士、盾牌战士等共同配合。在即兴演讲中，他就完全可以将"工作总结"变成"游戏心得"。在开场部分，他可以用"在演讲之前，我先给大家讲一个跟游戏有关的故事"作开头，然后给大家讲一讲团队配合的问题。在故事讲完后，再适当将游戏中的配合转换到"同理，工作中我们也需要各个部门精诚团结，共同配合"。这样一来，大家不但会认为他说得很有道理，而且气氛也会相对轻松有趣。

瞧，这个喜欢游戏的人也并不需要满腹经纶，他只是很自然地把演讲的重心换到了自己熟悉的领域。

不过，话虽如此，我们若想随时随地进行一个即兴演讲，还是要从这一刻开始积累自己的阅读量。毕竟想要"上知天文、下知地理"就一定要广泛地看书，扩大自己的知识面，增加自己的知识量。就像古人说的那样,"书中自有颜如玉,书中自有黄金屋",博览群书,才能真正做到出口成章。

词汇量大的人说起话来自然旁征博引、生动有趣,引经据典的同时还兼顾了言辞的丰富优美;而词汇量屈指可数的人说起话来苍白干涩,说来说去就那几个形容词,绞尽脑汁也想不出更高明的词汇。那些经验丰富的演讲家们从始至终都很重视知识的积累,毕竟在这个竞争越发残酷激烈的社会里,拥有真才实学的人才会脱颖而出。在我们阅读量还不够的时候,不妨使用一下注意力转移法,将话题引到自己熟悉的领域,然后一展拳脚,这也能取得事半功倍的效果。

5. 三秒想出关键词

> 即兴演讲时如果能确定相应的关键词，这场演讲必然能事半功倍。但很多即兴演讲者受紧张情绪的影响，大脑在那一刻会瞬间停止思考，因此无法确定关键词，导致整场演讲逻辑混乱、不知所云。这里有一个方法，可以让你三秒想出关键词。

学生会与演讲社团联合举办了一场辩论比赛，邀请学生会会长小胡去做评委，演讲社社长担任主持人。就在比赛快要结束时，演讲社社长为了感谢学生会联合举办这次演讲比赛，特意邀请小胡上来讲两句。

因为没有做任何准备，即使见惯了大场面的小胡，在听到点名的这一刻也瞬间紧张了起来。不过他很快收起这种紧张情绪，在大脑中迅速锁定了三个关键词"感谢""夸奖""祝愿"。

小胡从容地走上台，拿起话筒开始说："首先，非常荣幸与演讲社联合举办这次比赛,还有幸坐在了评委席,让我能一睹咱们学校学子的风采。之前我一直觉得自己挺会说话的,但是与今天这些参赛选手相比,我真是自愧不如,你们的表达清晰有条理、观点深刻且明确,大家为了捍卫自己的持方,都无比卖力,这场比赛因为有你们的参与,变得无比精彩。最后,希望以后有机会还能一起承办比赛,也祝愿演讲社团越办越好。"

随着小胡话音的消失,台下响起了无比热烈的掌声。

即兴演讲大都是演讲者临时接到的任务,所以准备时间非常少,想要准备一篇完美无缺的演讲稿根本不可能,但我们却可以通过"关键词法"尽可能地确保发言的完整性,防止自己站在台上说得磕磕巴巴,让观众不知所云。

"关键词法"就是以关键词为中心来展开演讲。在即兴演讲简短的准备时间中,我们要在大脑中飞快地构思3~4个关键词。关键词的确定其实很简单,通常三秒就可以搞定。很多人可能会困惑,在不同的情境下演讲主题千千万万,不同的演讲主题需要确定不同的关键词,我们又没有小胡那样强的临场应变能力,三秒钟怎么可能迅速锁定关键词呢?

想做得像小胡一样,其实也很简单,万事万物都有模板,关键词也不例外,只要掌握几套万能关键词模板,三秒搞定也就没问题了。

第一,三个关键词之"观点+原因+案例"。

在即兴演讲时,观点、原因、案例是三个较为常见的关键词组合。比如，我们要表达"高学历很重要"这个观点时，就可以按照这三个关键词来展开。首先表达观点："我觉得高学历是非常重要的。"再说原因："因为高学历意味着拥有更高的眼界和思想，未来的工作选择也会更多。"接着说案例："朋友小李一直都很想考公务员，但他是专科学历，最终因为学历限制，没有岗位可选，如果能拥有更高的学历，小李就不会有类似的烦恼了。"最后总结一下："综上所述，高学历还是非常重要的。"

第二，三个关键词之"过去+现在+未来"。

"过去+现在+未来"也是即兴演讲中常用的三个关键词，适用于各个即兴演讲的场合。比如，当我们参加朋友的生日会时，突然被点名要求讲两句，这时就可以利用这三个关键词来展开这段话。先回忆过去，谈与朋友是如何相识的；再说现在，表达对朋友现状的肯定，最后表达对朋友未来的期待。

除了在各种聚会上可以使用这三个关键词外，在公司会议和比较正式的演讲场合同样可以使用。如果在公司会议上突然被点名发言，我们就可以先谈过去公司遇到的困难，接着谈谈现在取得的成绩，最后再聊聊对公司未来的畅想。如果是在正式的演讲场合被叫起来即兴演讲，同样可以先聊自己过去的状态，再谈谈自己目前的改变，最后表达一下对未来的期许。

"过去+现在+未来"的关键词模板几乎在所有演讲场合通用，牢记这三个关键词，就能帮你克服不知所言的困境。

第三，三个关键词之"一个关键词说三遍"。

如果不愿意想三个关键词，还有一种特别简单的确定关键词的方式,就是"一个关键词说三遍"。

当我们在某些重要场合做陈词演讲时,可以选择以"感动"作为即兴演讲的关键词。比如,在一个正式的演讲场合,我们作为演讲者突然被点名,谈一谈参加比赛的感受,这时就可以这样说:"今天,我想和大家分享三个感动,第一个感动来自我的化妆师,上场前在化妆时她看出了我的紧张,便一边帮我化妆,一边和我聊天,帮助我缓解紧张;第二个感动来自现场的观众,演讲开始前和结束后,你们都毫不吝啬地给我鼓掌,让我有了回家的感觉;第三个感动就是在我演讲完,主办方老师向我竖起了大拇指,让我感受到了被认可。"

虽然绝大多数人都缺少临场预想关键词的能力,但若是能掌握上述这些关键词模板,也能让我们的即兴演讲变得更加精彩。

第三章
开场,是演讲成功的一半

1. 让人忘不了的自我介绍

> 当两个人第一次见面时，往往无法对对方产生深刻的了解，那么自我介绍则是了解彼此的最好方式。这一"开场白"作为人际关系交往中重要的一环，对于日后具体关系的形成和发展具有重要的意义和作用。

贾平凹是我国当代著名的文学家，他从1973年开始创作、发表作品，至今已经出版了几十本小说、散文集，群众对他的作品认可度很高，是我国家喻户晓的作家。贾平凹从小就喜欢文学，很早就展现了出众的文学天赋，在他受邀前往各地演讲的那些年，礼堂总是座无虚席，每次开场都能迅速吸引听众的注意力，掌声经久不绝。他在自传中所作的自我介绍更是别具一格，令人耳目一新。

"姓贾，名平凹，无字无号，娘呼'平娃'，理想于通顺，我写

第三章 开场，是演讲成功的一半

'平凹'，正视于崎岖，一字之改，音同形异，两代人心境可见也。生于1952年2月21日。孕胎期娘并未梦星月入怀，生产时亦没有祥云罩屋。幼年外祖母从不讲甚神话，少年更不得家庭艺术熏陶，祖宗三代平民百姓，我辈哪能显贵发达？原籍陕西丹凤，实为深谷野洼；五谷都长而不丰，山高水长却清秀。离家十年，季季归里，因无衣锦还乡之欲，便没'无颜见江东父老'之愧。先读书，后务农，又读书，再弄文学；苦于心实，不能仕途；拙于言辞，难会经济；捉笔涂墨，纯属滥竽充数。若问出版的那几本小书，皆是速朽玩意儿，哪敢在此列出名目呢？如此而已。"

这段话并不算长，却简练、清晰点出了他的出生时间、出生地点、家庭状况和个人经历，尤其是最前面关于名字的由来，一下抓住了读者的目光。整段介绍简练、严整，却又蕴含着贾平凹所特有的谦逊和小幽默，是自我介绍的典范。

自我介绍是向其他人展现自我的重要手段，在我们生活中非常常见，当在认识新朋友、加入新集体，外出办事等情况下，都需要向别人介绍自己，这在即兴演讲中也不例外。即兴演讲中的自我介绍，一般都出现在演讲最开始的部分，一个出色、难忘的自我介绍，能够大大提升演讲效果。

即兴演讲中的自我介绍，是对听众的一种特定礼仪，更是与听众迅速拉近关系，抓住听众注意力的开篇方式之一。姓名、职业、经历、特征等方面，是自我介绍中一定会提及的基础内容，这些会让听众认识演讲者，对演讲者产生一定的了解。而一个好的自我介绍，还应该做到让听众记住并喜欢，这样的演讲也会更容易被听众所接受。

首先，自我介绍要重视名字介绍。

名字，是属于我们每个人的独特代号，哪怕自我介绍中的其他内容都被省略，名字也是一定要介绍的。在即兴演讲中，名字的介绍通常不会很长，只要能够让听众记住，与听众建立一定的联系即可。

谐音法，是介绍名字的独特方式。例如，我国现代著名文学家胡适，就曾经在演讲中这样介绍自己："我今天不是来向大家做报告的，我是来胡说的，因为我姓胡。"这种介绍方式生动有趣，很容易让听众接受和记忆。

诗词介绍法，是指在自我介绍中，选择与名字相关的古诗词。例如，在一次礼仪小姐的决赛中，一名叫江南的女孩背诵了唐代诗人白居易的《忆江南》，并利用诗句介绍："我就是春风又绿江南岸的江南。"这种方式，不仅能够彰显演讲者的文化底蕴，也能让听众从耳熟能详的诗词中，更快记住演讲者的名字。

职业标签法，是演讲者把自己的职业与姓名连在一起介绍。例如，我是医生王某、工程师张某、教师赵某等，这种介绍方式可以让演讲者的自我介绍更有定位感、专业性和稀缺感，当听众以后遇到这种职业时，也有可能会想起这位演讲者和他发表的精彩演讲。

其次，自我介绍要能够引起听众的注意。

自我介绍作为即兴演讲的开篇内容，如果这个时候就过于枯燥，后面的内容很难重新吸引听众的注意，会对整场演讲都产生负面作用。所以，演讲的自我介绍，要让听众觉得有趣和生动。

在自我介绍之前，演讲者可以先行调动听众的积极性，调节现场气氛。一些即兴演讲者会选择让听众以率先鼓掌的方式来振奋精神、获得自信。例如，"万里长城永不倒，来点掌声好不好？""万水千山总是情，给点掌声行不行？"此后再进行自我介绍，通常都能收获热情的回应。

另外，可以采用反问、解谜等方式，让听众抽丝剥茧，增加对演讲的参与感和好奇心。例如，一位企业家曾这样介绍自己："有一个人，它只是小学毕业，更没上过大学，但他仍旧成了公司老总，这样的人，你们想认识他吗？"他所说的人就是他自己，后面顺理成章地开始了自我介绍。

最后，自我介绍还应该说出自己的价值点。

陈毅将军曾经在一次欢迎大会上进行发言，他是这样介绍自己的："我叫陈毅，耳朵陈，毅力的毅，刚才司仪先生称我将军，实在不敢当，我现在还不是将军，当然叫我将军也可以，我是受全国老百姓的委托，去'将'日本鬼子的'军'，这一将，直到把他们'将死'为止。"这个自我介绍，让听众感受到了陈毅将军的能力和决心，也受到了极大鼓舞。

在自我介绍中简述自己的价值点，可以让听众从中更加全面地认识演讲者，并找到可以产生交集的地方。这样，听众也更容易在演讲中把握住自己想听的内容，从而对演讲者留下深刻的印象。

另外，需要注意的是，在面对不同听众群体时，演讲者所作的自我介绍也会有差别，呈现出不同的侧重点。在旅途、宴会等应酬场合，作自我介绍不用特别详细，简单说出名字即可；在研讨会、交流会等工作场合，自我介绍需要说出自己的单位和职位，方便大家互相认识；在朋友聚会等社交场合，则可以介绍自己的兴趣爱好等内容。灵活变通的自我介绍，会让演讲者的介绍更加鲜明，有针对性，避免一成不变的枯燥感。

古语有言："知人者智，知己者明。"自我介绍不仅仅是在演讲中展现自我，让别人认识自己，而且也是认识自我的重要途径。在演讲中，对自己进行一段精彩的自我介绍并获得听众的认可与喜爱，并不是一件容易的事情，我们需要在即兴演讲的实战中反复练习和调整，才能熟练掌握。

2.

万能的"即兴"开场白

> 俗话说,好的开始是成功的一半,意思是说事情如果有一个不错的开端,成功的概率也会更大。在即兴演讲中也是如此,一个好的开场白能够为接下来的顺利演讲打下坚实基础。

章太炎先生是我国清末民初的著名学者,也是当时著名的民主革命家、思想家和朴学大师。章太炎先生的研究范围非常广泛,涉及文学、哲学、逻辑、历史、政治等多个方面,著作颇多,鲁迅、黄侃、钱玄同、沈兼士等大师级学者,均出自他的门下。因为章先生渊博的学识,想听他讲课的学生太多了,只能安排一次大课,当时由五六个学生陪同,刘半农负责翻译,钱玄同负责板书,马裕藻负责倒茶,盛况空前。当时,章太炎先生上课的开场白广为流传,那就是:"你们来听我上课是你们的幸运,当然,也

即兴演讲：关键时刻不要输在表达上

是我的幸运。"

只听前半句，会觉得章老过于狂妄，却也能从侧面反映出他满腹经纶、学识渊博、深受学生的喜爱，而后面那句话，则将自己与学生并列起来，一个幸运在"听"，一个幸运在"讲"，并没有什么地位和关系上的差异。这段开场白帮助章老迅速抓住了听众的注意力，获得了学生的热烈掌声。

即兴演讲作为一种特殊的演讲形式，演讲时间不会很长，听众对于演讲的印象也忘得很快，其成败很大程度上取决于演讲者是否能够吸引听众的注意力，因此，演讲的开场白尤其重要。

许多人在面对即兴演讲时，最困难的部分就是开场白。演讲者临时站到台上，突然变成了大家注视的中心，紧张的情绪导致自己一句话都说不出来，而且越是如此，就越难以开口，甚至在演讲者心里留下了负面阴影，以后再遇到即兴演讲的情况时，更加容易紧张和抵触。

其实，即兴演讲的开场白并没有想象中那么难，其最主要的目的，就是建立演讲者和听众之间的联系和感情，打开场面，进入正题。因此，我们可以简单地将开场白总结成"好""情""名""人""感"五个字来表述。

"好"即为尊称和问好。在任何场合的即兴演讲中，都离不开问好，这是一个不可或缺的环节。"尊敬的领导、来宾、同事、朋友、家人们，大家好！"这是最简单的问好式开场白。这句话能够迅速把听众的注意力集中到演讲者身上，也能够展现出演讲者的专业程度。

需要注意的是，在问好中，不要遗漏在场听众的身份，比如在同事面前演讲只问领导好，或者忘记向客户问好，都是极为不恰当的行为，会给听众留下不好的印象。另外，在相对正式的场合中，需要注意问好的顺序，最好按照身份从高到低排列，不要先问同事好，再问领导好。如果实在弄不清这些，简短有力的"大家好""早上好"等说法也是可以的。

"情"即为心情和场合，这两者通常要结合起来。公司表彰大会、新员工入职会、生日会、宴会等场合是比较容易出现即兴演讲的，我们在演讲开场白中，可以点出自己所处的场景和此刻的正面心情。例如，"能够在新员工入职大会上介绍自己，我感觉无比的荣幸和激动""今天能够参加这场研讨会，我感觉非常开心和幸运"等，都是场合和心情相结合的表述。而开心、激动、荣幸、感动、幸运、喜悦、感谢、自豪、轻松等词语，通常会出现在这部分的心情表述中。

"名"即为演讲者的姓名。在即兴演讲时，如果不是小范围的朋友或同学聚会，通常需要在开场时介绍自己的姓名。介绍姓名时，演讲者的语速不要太快，要做到清晰和明确。汉字中同音字比较多，所以很多演讲者在介绍自己的名字时，会将姓名中的字拆开来解释，以便听众能够更准确地知晓自己。

需要注意的是，一般在拆解名字进行自我介绍时，通常都会选择正面的意思解读，例如，名字中含有"强"字的人，会介绍自己为坚强的强、强壮的强，不会说自己是强盗的强；名字中含有"思"字的人，会介绍自己为思想的思、思考的思，不会说自己是思虑的思。积极正面的词语解释，会让听众对演讲者产生良好的印象，负面的词语解释则会给人负面印象，继而让人对演讲内容也产生怀疑。

"人"即为演讲者的身份介绍。 这部分可长可短，演讲者可以根据演讲的实际内容和场景，调整所说的内容。例如，在工作场合演讲时，可以介绍自己来自哪个单位和部门；在宴会、游会等场合中，可以介绍自己的家乡；在朋友、同学等场合中，则可以介绍自己的兴趣爱好。

这部分要谨慎处理，不要赘述过多内容，也可以尝试将介绍内容与后面要谈论的演讲主题联系在一起，逐渐从开场白向演讲的正题过渡，更方便引出后面要说的内容。

"感"即为感谢和憧憬。 这部分一般会感谢主办方给予发言的机会，或者感谢受到的邀请、收到的荣誉等方面，同样可以根据后面的主题，调整所说内容，使主题的引出更加自然和吸引人。

即兴演讲是一门学问，更是一门技能，其中有很多公式和方法值得我们学习和练习，但这些公式并不是一成不变的。我们在实际演讲过程中，要灵活掌握方法，适当调整顺序，简化无关步骤，将其转变为适合自己的内容，这样才能收获更好的演讲效果。

第三章
开场，是演讲成功的一半

3. 用蒙太奇手法调动氛围

> 蒙太奇是电影艺术中的一种呈现手法。在即兴演讲中，蒙太奇手法主要被用来让听众相信演讲者描绘的事物，从而达到演讲者的目的。

《超级演说家》中有一名被称为"鬼马书生"的选手，因其特殊的演讲风格而十分受人瞩目，这名选手就是蒋佳琦。蒋佳琦曾在此节目海选的时候惨遭淘汰，但却凭借着一场"蒙太奇式"的颠覆演说被评委成功复活。

那是一场极其精彩的演说，一开场，"鬼马书生"自信昂扬地走上了舞台，面对评委和观众殷切的目光，他开口讲述起自己与前女友的往事和如今的偶然相逢。

这一番话迅速地吸引了观众的目光，也成功调动起了评委的好奇心。接着，蒋佳琦细致地描述自己事业、爱情双丰收的事情。

即兴演讲：关键时刻不要输在表达上

蒋佳琦的描述让全场都沸腾起来，评委们眼里也都是止不住的笑意，气氛好到了极点。

可是，突然蒋佳琦安静了下来，他说："我睁开眼，凌晨4点，周围一片漆黑，我又做了这样一个充满着幸福的梦……"

原来这一切都是梦！观众席上有人惊呼了起来。评委鲁豫更是不可置信地看着蒋佳琦。随后，她在点评的时候说："我想先拥抱你一下，再踹你一脚，我觉得我是一个很聪明、很敏感的人，但我也信以为真了。"

不得不说，蒋佳琦这次演讲的成功，得益于他在演讲的开头部分熟练运用了电影中惯常使用的蒙太奇手法。这种蒙太奇手法，能循序渐进地将现场的气氛调动到高潮，所有人都被他骗住了。所以，当他揭开真相的时候，才能造成那么好的效果。就连鲁豫也忍不住说道："当你说凌晨4点梦醒了，我被你恍了一下，后来我听得战战兢兢，我怕你下一步再恍我一下，因为我投入了很真的情感。"

电影中的蒙太奇手法经常会别有用意的将镜头、场面、段落进行分切与组接，对素材进行取舍与选择，以达到特殊的表达目的和张力。将这种蒙太奇手法运用到演讲中，能够起到绝好的演讲效果，尤其是在即兴演讲开场的时候。

运用蒙太奇手法来开场，会让你的演讲达到出人意料的效果。运用好了，它能够充分调动演讲的氛围，让听众沉醉于你的演讲内容。

第三章
开场，是演讲成功的一半

要知道，即兴演讲在开场的时候就调动起观众的胃口，营造出完美的演讲氛围是很不容易的，它需要演讲者自身有着极其稳健的台风，或是掌握了如蒙太奇这一类特殊技巧。

利用蒙太奇手法开场能够制造出一种玄妙的时空感，带给现场听众一种神奇的感受，从而充分激发听者的联想，控制听者情绪和心理的同时，让他们主动去思考，自发地融入演讲者的演讲内容，从而一步步产生极其强烈的情感共鸣。

可是，很多人没有用过蒙太奇手法进行演讲，那么又该如何操作，才能让自己的蒙太奇式开头获得成功呢？

第一，选择蒙太奇素材。

很多人在站起来的一瞬间，还没有想好自己要说什么。那么，我们不妨先从身边人的故事或者某一段电影情节入手，将它套用到自己的经历中。比如在分享会上，我们被要求做一场关于"晨练"的即兴演讲。此时，我们就可以通过自己的想象，或者之前看过的电影、小说情节选择一段分享："早上，我在幽静的小路上晨跑，突然，迎面跑来一个女孩子。女孩子穿着粉色短袖速干服，头上戴着耳机，看上去很有活力，我立刻就被吸引住了……"

在描述得差不多时，你可以进入结尾："就在我决定跟她告白时，早上 7 点的闹钟响了。是的，我只是在梦里来了一场邂逅。不过，这个梦让我决定晨练了，不是为了遇到那个女孩，而是我真的该锻炼身体了。"

第二，利用大落差加深印象。

我们都知道，越是平铺直叙的内容，越是无法让人记住，只

即兴演讲：关键时刻不要输在表达上

有出人意料的落差，才能挽救即兴演讲中容易出现的平庸印象。在运用蒙太奇手法开场的时候，一定要注意细节的塑造。细节刻画得越到位，我们所描述的内容就越可信，也就越能挑起听者的情绪，越能达到预期的演讲效果。

所以，在即兴演讲不知道说什么的时候，我们不妨利用蒙太奇手法开场，给后面的落差埋下一个伏笔，也为之后的演讲内容准备一个巨大的心理落差，从而给听众留下深刻的印象。

第三章
开场，是演讲成功的一半

4.

暖场的魔法公式

> 暖场的目的就是奠定演讲的"基调"，炒热演讲的氛围，提高听众对接下来的演讲的心理预期。只有让听众对接下来的演讲有期待，才能将他们的注意力牢牢吸引到你接下来的演讲之中。

陈牧是某外贸公司的总经理，在公司年会上突然被董事长点名说两句。陈牧听到自己的名字时先是一愣，然后迅速站起来，先做了一下自我介绍，紧接着就来了一段暖场讲话："都说瑞雪兆丰年，而此时此刻外面正在下着大雪，我们有幸在雪天相聚在这里，这也预示着公司在新的一年里会有更好的发展，我们每一个人也一定能心想事成。"

大家在听完陈牧的这段讲话后，纷纷鼓起了掌。不得不说，陈牧的这段暖场陈辞，以大雪的天气作为切入点，不仅照顾到了

即兴演讲：关键时刻不要输在表达上

老板的面子，也照顾到了员工的心情，真是一箭双雕。

在一段暖场过后，陈牧开始了接下来的发言……

开场是即兴演讲时较为关键的一个环节，暖场则是开场环节中必不可少的内容。因为中国人大多含蓄而内敛，与陌生人会刻意保持距离，所以需要演讲者在讲正式内容前暖好场子，营造一个良好的演讲氛围，从而更加方便接下来的内容输出。

暖场其实也有魔法公式，可以套用"关注当下＋赞美观众"的公式来暖场。

第一，利用当下的一切寒暄一番。

"关注当下"包含两个内容，一是借助当下的天气来与听众寒暄，即谈论天气；二是借助演讲场合或节日来寒暄，即借论外物。

"谈论天气"就是借用即兴演讲那天的天气，先与听众寒暄一番，拉近与他们的距离。比如，我们可以利用天气寒暄一番："现在正值寒冬，外面天气非常寒冷，但此时此刻我站在这里，心中却感到无比温暖。因为我看到了大家那热忱和鼓励的目光。"巧妙利用天气来暖场，确实可以让人感觉心头一暖。当然除了借用天气寒冷外，还可以借助下雨天、下雪天等恶劣天气来寒暄。

"借论外物"是指利用演讲场地或节日来暖场。比如《超级演说家》的选手们会经常这样来暖场："今天很开心能站在《超级演说家》这么棒的舞台上与大家分享我的演讲。"其实类似这样的暖场在任何场合都可以使用，比如"很开心能在这么好的平台与大家分享""这是我第一次站在这里与大家分享观点，我很开心"

等，这些话都能起到一个很好的暖场作用。

再比如利用节日和特定时间来寒暄，如果是中秋节的话，我们就可以这样说："在中秋佳节这样一个阖家团圆的日子里，能和大家相聚在一起，我感到非常荣幸！"

第二，赞美一下你的听众。

凡是人都喜欢听夸奖的话，所以在寒暄一番后，不要忘记赞美一下你的听众。其实夸人也是有套路的，如何夸得让对方舒服、让对方心花怒放，也是一门学问。这里为大家提供两个行之有效的夸奖听众的方法。

对比法

简单来说，对比就是夸一方贬一方，但是演讲者要注意在选择对比对象时，最好不要具体到人，因为这样容易得罪别人。关于如何通过对比法来夸奖听众，我们不妨来看一看歌手在演唱会时是如何与观众互动的。很多歌手在不同的地方开演唱会时，暖场时都会这样说："北京的歌迷们，你们太棒了，你们是我见过的最热情的观众！"而观众听完歌手的这番说辞后，都激动得不得了，但是这些歌手其实无论到了哪个城市都会这么说，这就是一种非常有效的暖场方式。

同理，即兴演讲者在做演讲时，也可向歌手学习一下。比如，某公司的总经理来到上海分公司发言，就可以说："上海分公司的同事们是我目前为止见过最热情的伙伴，我相信你们的热情可以感染我，也一定能感染更多的客户。"

即兴演讲： 关键时刻不要输在表达上

价值法

价值法就是通过抬高对方的价值，来表达他们值得自己牺牲时间来与其沟通。举个例子，我们可以通过这样的说辞来夸奖听众："昨天我在来重庆的路上真的太曲折了，飞机临时在成都迫降，本来想坐火车的，但是没有合适的时间，于是我只能打个顺风车过来和大家见面。其实选择不来对我来说更简单，但是我从来没有这么想过，因为我去年在这里演讲时，你们真是我见过听得最认真的听众，所以为了你们，再难都值得。"

这一番精妙的夸赞，不仅拉近了与听众的心理距离，还能让听众在接下来的时间里都将注意力放在演讲上。

5.

偷换"你们"成"我们"

> 学会把"你们"变成"我们",这在心理学上属于共情心理。在即兴演讲中,演讲者可以把"我们""咱们"等词用在开场上,以此拉近与听众之间的距离,从而达到自己想要的效果。

现在的我和你们一样,也会迷茫、孤独,甚至怀疑自己是不是走错了路?从毕业到今天,我一直待在这一行,身边很多人跳槽、转行,我还待在这里。工作之后,要换工作的借口会变得很多:工资太少,要辞职;加班太多,要辞职;路程太远,要辞职。其实我们都知道这些并不是原因,而是借口,归根结底,你就没那么喜欢那份工作。

这是畅销书作家刘同的一段演讲,他以"你我同是职场人"的同理心,讲述了大学生初入职场的困惑,成功引起了大学生听

即兴演讲：关键时刻不要输在表达上

众的共情，收获了很好的效果。

生活中，我们经常能看到这样的场景。

面试时，人事主管会说："咱们公司怎样……"或者"咱们都有……"

采访时，记者会说："咱们这次改革……"或者"我们村……"

上课时，教师会说："我们来看下一题……"或者"我们今天上哪一课……"

这些开头都巧妙地将"你们"变成了"我们"，这种说话方式能拉近演讲者与听众之间的距离，让听众觉得亲切温馨，也能让听众对演讲有一种参与感。

有人曾经做过调查，人们每天最常用的一个字就是"我"。在演讲过程中，有这样一些演讲者，无论在什么场合，他们都喜欢把"我"字挂在嘴边，不停在说"我"的事。这样"言必称我"的演讲会取得好的效果吗？很难，除非这位演讲者具有非同寻常的个人魅力。

在即兴演讲中，演讲者若想博取听众的好感，就要避免自我，要照顾听众的情绪，千万不要把"我"字常挂在嘴边。这种将"你们"变成"我们"的方法对即兴演讲者来说，是一种非常重要的方法。

很多进行即兴演讲的人都不知道如何在开场阶段就抓住对方的心，其实只要将自己想说的话，以"我们"为中心讲述出来即可。这种方法尤其适合在活动现场进行即兴演讲，因为活动现场通常会进行一些互动，这种氛围很适合用"我们"的形式开场。具体来说，我们可以通过如下两个方式，将"你们"巧妙地转化为"我们"。

第一，学会在开场阶段加入"我们"。

不管是什么场合，即兴演讲都是有听众存在的，只是不同场合的听众，对即兴演讲需求的内容不同而已。明确这点后，我们就可以根据不同场合的需求，将自己的立场转化为听众。

以婚礼现场举例，如果我们被点名即兴演讲，那我们一定要以听众的身份，在开场就表明："在这个大喜的日子里，我们都为一对新人喜结连理而感到高兴。"如果我们上来就自顾自讲自己的事，那么不仅观众不会有兴趣，还会被指责"说话不看场合"。

在公司年会上，即兴演讲之前一定要搞清楚自己并不是公司年会的主角，而是年会的参与者。所以，在演讲之初就多说公司的事，多说与同事们有关的事，比如"咱们公司……""咱们部门……"等，这才是一个成功的即兴演讲开场白。

第二，在讲述自己的故事时，学会以客观角度讲述。

亨利·福特曾说过："一个满嘴'我'的人，一个独占'我'字，随时随地说'我'的人，是一个不受欢迎的人。"在人际交往中，"我"字讲得太多并过分强调，会给人突出自我、标榜自我的印象，这会在对方与你之间筑起一道防线，形成障碍，影响别人对你的认同。所以，即便讲述自己的故事，也一定要用客观角度来讲述。比如讲成功经验时，我们就可以通过"我们都有过这样的经历"作为开头，这样不仅显得真诚，而且还能拉近与听众的

即兴演讲： 关键时刻不要输在表达上

距离，让听众更有兴趣听完我们接下来的演讲。

即兴演讲的开场白是非常重要的，抓住与听众变得亲密的机会，巧妙地将演讲中的"你们"换成"我们"，能收到意想不到的效果。

6.

逆向开场的方法

> 演讲中有一条七秒原则,是说在演讲开始的七秒内,一定要想办法抓住听众的注意力。而逆向开场的即兴演讲则可以迅速引起听众兴趣和好奇心,有效进入演讲主题。

孙膑是战国时期著名的军事家,自幼学习兵法,给后世留下了反映当时时代特点和战争规律的杰出军事理论,田忌赛马、围魏救赵等经典故事,至今仍被人们津津乐道。

孙膑当时去魏国求职时,魏惠王嫉妒他的才能,故意刁难他,对孙膑说:"听说你很有才能,如果能够让我从座位上走下来,我就任用你为将军。"魏惠王当时极为自信,认为自己坚决不会起身,孙膑一定会输掉这场比试。孙膑思索了片刻,开口对魏惠王说:"大王,我确实没有办法让您从宝座上走下来,但我有办法让您坐回宝座。"

即兴演讲：关键时刻不要输在表达上

魏惠王心想，这还不是一回事，到时候自己执意不坐下，孙膑同样没有任何办法，于是他高高兴兴地从王位上走了下来。孙膑见状，马上对魏惠王说："我现在虽然没有办法让您坐回去，但我已经成功地让您从座位上走下来了。"至此，魏惠王才知道自己上当了，只能承认孙膑的智谋与才学。

在这个故事中，孙膑自然清楚魏惠王的心思，但他又不可能把对方强行从宝座上拉拽下来。因此，孙膑拓展思路，运用了逆向思维的方法，成功地让魏惠王走下王位，获得了他人的尊重与钦佩。

即兴演讲作为演讲的一种特殊形式，给听众带来的印象往往是简单且快速的，因此对演讲的开场要求也会更高一些。如果演讲者没能在演讲开头部分吸引听众，那么在后面的部分也很难重新抓住听众的注意力，不仅多花力气，效果也往往不佳。

逆向思维，也叫求异思维，即"反其道而行之"，这是对一些约定俗成的事情和观点而产生的新思考。当大家都朝着一个固定的方向和内容演讲时，如果演讲者能够在开场部分提出一些不同寻常的观点，通常可以立刻引起听众的关注，从而取得更好的演讲效果。

首先，我们可以选择与演讲主题相反的内容逆向开场。

在演讲中，我们通常都有一个主题，而演讲者的常用思维模式是根据这个主题的内容，采用正面事例和内容进行观点的表达或者呼吁，以达到演讲的目的。这种方式虽然没有错误，但是难免陷入老生常谈的困境，让听众感到无趣与枯燥。

如今，全世界都在倡导要保护地球环境的时候，林尼·索克却发表了一篇名为《如何毒化地球》的文章，文章中说，钚这种放射性金属，作为制造核武器、核电池的重要材料，如果分配平均的话，十磅钚就能毒死地球上的一切生灵，接着又阐述了将有毒物质注入深井和埋藏地下将对地球造成的危害。虽然文章通篇都在说如何毒化地球，但其中真正的目的还是探讨如何保护地球，这种与主题相反的表述方法，在第一时间抓住了读者的眼球。

在演讲中，我们也可以运用这种方法，例如，在"坚持"的主题中谈放弃，在"成功"的主题中谈失败，在"自信"的主题中谈胆怯等，用反面事例和表达方式反衬主题观点，都是逆向思维的开场。同时，我们在演讲时也要牢记，谈论相反的内容是为了充分证明和突出主旨，不要在演讲过程中迷失方向。

其次，我们可以发表与常见观点相反的说法逆向开场。

古往今来，我们积累了许多约定俗成的观点和想法，例如，做事要坚持到底、失败是成功之母、书籍是人类进步的阶梯等，这些名言或者观点已经深入人心，不少人还将它们作为人生格言。但是，任何事物的正确答案都不止一个，即兴演讲者的思维并不一定与这些常见观点保持一致性，可以在开场时选择自己能够说清楚的新观点，可能会因此产生一石激起千层浪的效果。

对于常见观点，听众大多早就听腻了，也早就明白了其中蕴含的道理。而演讲者选择逆向开场，例如谈论做事要懂放弃、多次失败也换不来成功等非寻常观点，则会给听众带来耳目一新的感觉，激发听众继续听下去的好奇心。

运用这种逆向开场方法时，我们一定要确保在演讲中能够自圆其说，做到演讲内容充实、正确，这样才能够得到观众的认可。

最后，逆向开场要开阔思维，不要被固有思维束缚。

在生活中，很多人都会被固有思维所束缚，只会顺着一条路向前走，殊不知只要勇敢跳出固定路线，就会发现身边还有很多选择。儿童掉入水缸，所有人都在想着离水救人，只有司马光运用逆向思维，砸破水缸让水离人，救了伙伴的性命；当年俞敏洪想要出国留学未果，干脆运用逆向思维成立了新东方学校送别人出国；有位服装店经理不小心烧坏了一件裙子，担心受到责骂，于是逆向思考，在洞口周围挖了一些小孔加以修饰，成为流行一时的凤尾裙……

这些逆向思维的故事告诉我们，生活从来都不是只有一条路可走，换个角度看看，也许风景会更加美好。而即兴演讲也是如此，发散和开阔的思维一定可以让开场白更加精彩。

清代诗人袁枚曾说"文似看山不喜平"，即兴演讲也是如此。一些演讲者存在从众心理，难逃人云亦云、枯燥乏味的旋涡。这时，一个逆向思维的开场白，是制造跌宕情节的有效途径之一，这将会为演讲带来更多新意和惊喜，也能收获听众更多的关注与掌声。

7.

站在听众角度来开场

> 很多即兴演讲不成功的原因是,演讲的内容与说法不能被听众接受。在即兴演讲时,演讲者要努力用听众能接受的说法演讲,这样才能收到令人满意的效果。

张菲是某保险总公司的空降人才,他虽然没有实际销售经验,但学历很高。来到分公司后,领导在会议上突然点名,让张菲给大家讲讲应该如何推销保险。

张菲想了想,说道:"销售保险,无非就是把保险推销给客户,那你就要让客户知道他们身边存在什么风险,以及为什么要买保险。比如推销针对儿童的保险,你就可以跟家长讲'买了保险,以后你家孩子得白血病、心脏病、肺病都可以报销,这能减轻很大一部分家庭负担,属于未雨绸缪。了解保险价值后,相信家长们都会购买。"

即兴演讲：关键时刻不要输在表达上

听完张菲的演讲后，大家面色都有点不好看。这时，领导没有批评张菲，而是让金牌销售刘广介绍一下自己的经验。刘广站起来说道："张哥说的对，但如果是我，我会这么跟客户讲'父母之爱子，必会为他考虑周全。我之前有个朋友，他的孩子很不幸，患上了白血病。那时我还没有接触保险行业，所以没有劝他购买保险。现在我很后悔没有早点进入保险行业，他也很后悔没有早点给孩子买一份保险'。"

听完刘广的发言，大家脸上都露出了满意的神色。

在即兴演讲时，最重要的并不是演讲内容有多精妙，而是演讲内容能得到听众的认可，这样才能获得想要的效果。从演讲内容看，张菲和刘广谈论的其实是同一件事。但张菲的讲述内容明显会引起家长反感，毕竟没有哪个家长愿意听自己的孩子会罹患疾病这件事。而刘广呢，他很细心地将这件事放到了身边人身上，以身边人的例子和真诚的态度为开头，引导家长自己去想，如果不给孩子上保险会有什么后果。这种演讲开头很容易让家长接受。

即兴演讲时，坦诚很重要、理解很重要，但懂得转化视角，站在听者的角度去沟通、去交流，更是一件十分必要的事情。大多数人表达观点的时候都会不由自主地代入主观印象，很少有人能站在倾听者的角度去思考问题。

可是，如果演讲者能放下自己的主观意见，在演讲的开头阶段转化视角，站在对方的角度上去讲述，那么演讲者的演讲目的就更容易达成，而这场即兴演讲的效果也必然会超过预期。那么，在即兴演讲的开头部分，我们应该如何做才能让听众更容易接受呢？

第一，多讲大众爱听的话。

著名成功学家林道安曾说："一个人不会说话，那是因为他不知道对方需要听什么样的话；假如你能像一个侦察兵一样看透对方的心理活动，你就知道说话的力量有多么巨大了！"即兴演讲的听众大部分时候不是个人，而是一个整体，这个整体存在着一定的共性，需要演讲者去发掘。

即兴演讲前，我们要尽量去感受听众此时此刻身处的环境、场合，理解他们的体会和感受。我们最好还要联系听众的身份背景、职业爱好等信息，这样才能做出最准确的判断，才能保证我们所说的话是听众喜欢听、想要听到的。

在婚礼现场，大家喜欢听的都是跟新郎、新娘有关的吉祥话；在公司会议中，领导喜欢听的是工作上的进步与展望。只要根据场合判断听众的性质，然后转换视角、换位思考，在开场部分多讲大家感兴趣的话，便可以获得好的演讲效果。

第二，无论如何，不要当众提出批评和建议。

想要让听者耐心接受建议、批评，我们可站在听者的角度上，晓之以理、动之以情。想要给予建议、提出批评但不得罪对方很难，毕竟每个人都喜欢听好话，却不那么喜欢听批评和指责的话。如果我们真的有必要去向别人提出建议、批评，不妨尽量站在对方的角度上，多关照一下听众想要听到并且能够接受的话语。

没人喜欢听说教的话，更没人愿意听一个冗长的说教演讲。所以，我们在即兴演讲的开头部分，一定不要选择"我有几点不

即兴演讲： 关键时刻不要输在表达上

满要说""我有些批评的话要说""我给大家提点意见"这种话语，而是要选择一种温和的态度、委婉的表达方式来为演讲开篇，这样才能让我们的演讲真正被人们接受。

总之，在即兴演讲时，适当转换视角，尝试着站在听众的角度去阐明问题、提出建议，往往能够取得更好的演讲效果。

第四章
即兴演讲小技巧，为你的演讲加分

1.

第一秒勇敢站起来

> 现代心理学认为,在任何存在评价的场合,人们几乎都很难发挥自己原有的水平。而大多数即兴演讲者在临开讲时的怯场心理,就是在忧虑听众在听了演讲后的评价,以至于上台的时候表现得有些扭捏。既然演讲已经成为既定事实,演讲者不如在第一秒就勇敢地站起来。

阿妹和盼盼在同一家公司工作,她们同时在年终会议中被评为优秀员工。领导在宣布了优秀员工的名单后,让她们二人上台讲两句。但是两人面对这次发言机会,表现出的状态却完全不同。

阿妹和盼盼收到要发言的消息后,心里都是一怔,但阿妹瞬间收起情绪,大大方方地站起来走到了台上,而盼盼看见阿妹已经上台后,才不情愿地从座位上站了起来,扭扭捏捏地走上台去。

领导看着站在台上的两个人,询问她们谁先来。对于盼盼而言，站在台上的每一分钟都是煎熬，于是她便自告奋勇先来发言。盼盼努力控制着自己紧张的情绪，拿起话筒说："特别感谢公司评选我为优秀员工，很开心可以得到公司的认可，希望来年可以继续努力！谢谢大家！"

盼盼说完赶紧将话筒交给阿妹，在大家的掌声中快速走下台，她真是一刻也不想在台上多做停留。

盼盼下台后，阿妹拿起话筒气定神闲地说道："大家好，我是阿妹，很荣幸可以获得本年度优秀员工的称号。当选优秀员工是进步的起点，也是我今后工作的动力。一个人工作优秀不优秀，并不取决于工作重要不重要，只要认真完成了自己的工作，我们每个人都是优秀员工。最后感谢公司对我的认可和信任，明年我们一定可以再创佳绩。谢谢大家！"一段即兴演讲过后，台下响起了雷鸣般的掌声。

年终会议后，盼盼找到阿妹，询问她在面对这种临时发言时是如何做到内心处变不惊，发言还这么精彩的。阿妹笑了笑，对她说："其实我也很紧张，但是上台发言已经成为一个既定事实，与其扭扭捏捏，不如勇敢站起来，上台大大方方讲两句，还能给领导留下一个好印象。"

"站起来说两句吧！"很多人被临时叫到发表即兴演讲时，心中都不免会被恐惧和紧张的情绪填满，然后非常不情愿地从座位上站起来。这样扭捏的状态，最终会导致演讲无法取得好的效果，甚至将现场气氛搞得异常尴尬。

即兴演讲：关键时刻不要输在表达上

其实，当我们临时被点名做一段即兴演讲时，完全不需要扭捏。因为从听到自己名字的那一刻起，做即兴演讲这件事就已经成为定局，即使再不情愿也没有办法改变现状，不如在听到自己名字的第一秒就勇敢站起来，大大方方地展示自己。我们要把每一次即兴演讲都当成一次展示自己的机会，所以不要不情愿，也不要扭捏，听到自己名字的那一秒，就请勇敢地站起来。

恐惧、紧张是人之常情，我们不可能要求任何没有即兴演讲经验的人都能做到第一秒就勇敢站起来，这里为大家提供一些方法，尽可能帮助大家消除负面情绪，从而在面对即兴演讲时更加勇敢。

第一，日常多进行表达训练。

在当今社会，会说话、会表达的人无论身处怎样的环境都是非常加分的。正所谓"良好的准备是成功的一半"，即兴演讲大都具有随机性，如果想在每次演讲中都很出彩，那就一定要在平时多进行表达训练。

在空闲时间，我们可以确定一个主题，然后对着镜子每天进行3～5分钟的表达练习。只有充分的准备才能强化我们的信心和勇气，让我们在接到即兴演讲的信号时，第一秒就能勇敢站起来。

第二，迅速锁定关键词。

多数即兴演讲者在被点名时，因为不知道上台后要说什么，所以才迟迟不愿站起来。我们完全可以利用前面提到的"关键词法"，来迅速锁定关键词。在前文中我们提到的万能关键词模板有"过去+现在+未来""观点+原因+案例"以及"一个关键词用

第四章
即兴演讲小技巧，为你的演讲加分

三遍"。在即兴演讲时，只要能够锁定关键词，确保我们上台后有话可说，也就不会再恐惧站上演讲台了。

无论在何种场合，当被他人指定要即兴演讲时，迟疑和不情愿只会暴露我们的不自信。与其这样，倒不如在听到自己名字的第一秒就勇敢站起来，在一步步走向讲台的过程中，锁定演讲关键词，搭建演讲框架，来为听众上演一场精彩绝伦的即兴演讲！

2. 语速的快与慢

> 研究表明，一个人说话时的速度，可以清晰地反映出这个人的性格、态度，甚至是此时此刻的心情和内心活动。即便是同样一句话，不同的语速也可能会呈现出截然不同的效果。因此，我们需要特别关注即兴演讲中的语速问题，以确保其服务于演讲内容和演讲效果。

有一次，创业公司的王总参加一个行业论坛，白天的活动结束后，举办方准备了一场酒会，希望为大家创造更多相识、合作的机会。为了结识更多的优秀同行，王总珍惜与每个业内人士交谈的机会。

现场有一个人很快引起了王总的注意，这个人正在与几个人高谈阔论，不管是对行业过去的分析，还是对未来形势的预测，他都能从容地发表观点，听起来似乎也很有道理。王总见此情景，

第四章
即兴演讲小技巧，为你的演讲加分

赶紧找了个机会走上前去，与这个人交谈起来。

经过前期的寒暄，两人交谈甚欢，这人又把刚才的言论非常自信且流畅地向王总复述了一遍。王总边听边不住地称"是"，思考片刻后，他将自己公司遇到的发展瓶颈陈述出来，想要听听这个人对此有什么看法或者解决方案。

然而，刚才还非常从容自信、妙语连珠的这名同行，突然将自己的语速放得很慢，尽管这样，他说起话来还是磕磕绊绊，半天都没能说出什么有意义的话。王总见状，赶紧打了个圆场，随便找了个借口离开了。

王总从这个人突变的语速中，看出来他不过是一个哗众取宠、口若悬河的人，他或许可以提前准备和背诵对行业局势的分析，却没有办法像有真才实学的人那样从容应对每一个问题。谈话的语速出卖了他的心虚，王总正是捕捉到了这一点，才及时做出了判断和抉择。

语速，指讲话速度的快慢。从众多即兴演讲的实例中不难看出，说话语速快慢相宜的演讲者往往更能俘获听众的耳朵，一直保持同一语速的演讲者则很难吸引听众的注意。

语速变化是演讲者通情达意的一个重要手段，一般来说，演讲的语速可分为快速、中速、慢速三种，不同的语速所适用的语境是不一样的。快速通常用于表达激动、兴奋、紧张的心情，每分钟要说 200 个音节以上；中速主要用于比较平淡、基本没有感情变化的表达，比如日常的场景描述，每分钟要说 200 个音节左右；慢速一般用于叙述平静、庄重的情景，用于表达悲伤、沮丧、失望的心情，每分钟只需要说 100 个音节左右。

很多即兴演讲者受紧张情绪的影响，恨不得上台后就以最快的语速说完自己的演讲内容，好尽快结束这场"噩梦"。演讲者站在台上用如机枪般的语速疯狂输出，听众坐在台下听了三五分钟，却没有接收到任何信息。也有一些即兴演讲者受说话习惯的影响，语速过于缓慢，结果将听众讲得昏昏欲睡、心烦意乱，不仅浪费了时间，所说的话也没有对听众产生任何实质影响。

作为演讲者，我们要明白演讲的目的是将所要表达的内容植入听众的大脑，而语速过快或者过慢，都不能让一场即兴演讲收到良好的效果。那么在即兴演讲中究竟应该如何拿捏恰当的语速呢？

第一，以标准演讲语速作为参考。

控制语速最有效的办法就是以演讲时的标准语速作为参考，在这个语速的基础上进行加快或减慢。如果想知道自己说话的语速是什么样的，可以选择一段文字进行计时朗读，再数一数一分钟内读的字数。一般来说，大声朗诵每分钟可以读到 150 个字左右，而日常谈话每分钟大概可以说 200 个字，即兴演讲中的自我介绍、开场白、普通讲述等内容，都可以参考日常谈话这个语速。

第二，合理安排不同内容的语速。

在即兴演讲时语速一定要有变化，虽说我们有一个标准语速作为参考，但在演讲时如果只保持一种语速，难免让观众心生厌烦，因此在演讲时我们的语速要有快慢变化。

语速的快慢要依据不同的内容来选择，如果只是陈述事实，没有什么情感起伏，使用上述语速即可。如果是抒情表达或者要强调某些内容，特别是在讲述悲伤的故事时，可以使用慢速，标准为每分钟150字以下；如果是表达呼吁、愤怒和谴责，特别是在讲排比句时，就可以使用快速，每分钟甚至可以达到280字以上。

需要注意的是，在讲述数字、人名、地名以及一些可能会引起疑问的内容时，为了便于听众听清、记忆和思考，要将语速放慢一些。

第三，根据听众的特点选择恰当的语速。

有时候即兴演讲的语速是需要根据听众的年龄和接受程度来选择的，如果听众是接受程度较高的青、中年，演讲的语速就可以适当放快一些；如果听众是接受程度较低的小朋友、老年人，语速就可以适当放慢。

由于多数演讲者在演讲时多是抱着赶紧说完、赶紧结束的心理，所以语速过慢的现象很少见，大都语速过快。但是，全程过快的语速很难让演讲收到良好的效果。这里教给大家一个简单的方法，可以有效规避即兴演讲时语速过快的问题。

我们可以通过增加手势来减缓语速，因为人的语言比动作快，如果没有动作，只是站在台上说话，演讲很快就结束了，而动作则需要全身肌肉的配合、参与。如果能够在演讲中增加一些手势，语速就能得到一定的控制。例如，当我们在号召大家做点什么时，可以增加一个手臂上扬的动作，那么语速自然而然就能慢下来了。

3.

巧妙发挥声音的力量

> 当我们听到一个声音时，立刻就可以感受到这个声音的强弱、长短、高低和音色，同时这个声音信号也有可能对自己的情感、思维、经验、行为产生一定的影响。即兴演讲也可以利用这一点，巧妙发挥声音的力量。

古代，有一名神射手叫更赢，他每次出手都能做到箭无虚发、百发百中。有一天，他跟魏王在郊外散步，刚好看到天空中飞过了几只大雁，于是更赢对魏王说："大王，我只用弓，不用箭，就可以将其中一只大雁射下来。"魏王自然是不相信，让更赢展示给他看。

于是更赢拿起了弓，他冲着天空拉满弓弦，随着干脆、强劲的一声弦响，果然有一只大雁从空中应声而落。

魏王对此大吃一惊，说："没想到你竟然还有这样的本事！"

第四章
即兴演讲小技巧，为你的演讲加分

更羸放下弓箭，对魏王解释道："这并不是因为我有什么超过常人的本领，而是因为这只大雁受了箭伤。它飞得如此慢，是因为它的伤口仍旧疼痛，叫声悲戚，它已经离开雁群很久了，如此身负伤病又惊魂未定的大雁，只要听到弓弦响，就会奋力往高处飞，如此一来，伤口再次裂开，自然会掉下来。"

上面这个故事，就是成语"惊弓之鸟"的来源。战国时期，楚国春申君打算让临武君担任抗秦主将时，赵国使者魏加正是将这个故事融入自己的劝说中，才让春申君打消了念头。

从这个故事中我们可以看到，弓箭的弦声对鸟的威慑力十分强大，人类虽然不至于对声音如此敏感，但声音同样会对我们的行为和想法产生一定影响。在即兴演讲中好好运用声音的力量，可以收获意想不到的效果。

即兴演讲作为一门语言艺术，它的表现形式就是"讲"，主要是通过声音来传达内容。为什么同样的话题由不同的人讲出来对听众的吸引力却天差地别呢？这就取决于演讲者声音的魅力了。

声音可以说是考量一场即兴演讲是否成功的一个重要因素，因此作为演讲者，不仅要懂得通过遣词造句来吸引听众，也要懂得塑造自己的声音风格，用声音来吸引人。

关于演讲的声音，主要有以下三点要求：一是在演讲时最好使用普通话，如果有特殊需要，可穿插使用方言；二是声音自然，做到不紧张、不刻意，要随着演讲内容改变，富有感情变化；三是避免使用"嗯""啊""就是说"等口头禅，这样的口语化表达

即兴演讲：关键时刻不要输在表达上

很容易打断听众的思路。

那么，我们又该如何确保在即兴演讲时，让声音发挥最大的作用呢？

第一，用清晰有力的声音征服你的听众。

在即兴演讲时，我们说话的声音要做到清晰且洪亮，让所有听众都能听清楚每个字的发音。在保证清晰的同时，还要做到声音铿锵有力，拥有震撼人心的力量。当然这里所说的声音洪亮并不是那种扯着嗓子喊出来的洪亮，而是通过一定的气息和发声训练所达到的一种理想的声音状态。

这里可以为大家提供一种训练声音的方法——腹式呼吸法。就是在自然放松的状态下，双肩放平，然后利用腹部进行深呼吸，再用腹部用力缓缓呼出，一次呼吸保持的时间越长越好。经过长时间这样的训练，就可以让我们的声音变得响亮且有穿透力了。

第二，抑扬顿挫的音调让声音更有魅力。

音调是让声音听起来是否舒服的关键，如果一场演讲仅以一种音调从一而终，效果必然不会太好。我们都知道现代汉语中有四调：一声阴平，二声阳平，三声上声，四声去声。不同的音调所传达的感情是不一样的，一声表达平缓、庄重、冷漠；二声表达呼唤、疑问、鼓动；三声表达惊讶和多疑；四声表达赞扬和感叹。我们在说话时，声调要在这四声中有变化，声音有了起伏，演讲也就有了感情变化。

第三，学会停顿很重要。

无论演讲者的思维如何敏捷，演讲口才如何优秀，如果他在演讲时不会停顿，就会让听者在过高的信息密度中喘不过气，进而失去听众的关注。所以在即兴演讲时，言语的停顿是非常重要的。演讲者在进行即兴演讲时，要主动把握停顿的节奏，这样听起来才更舒服。为了让声音听起来更有节奏感，我们在演讲时应注意把握以下几处停顿：一是换气停顿，当我们在传达一句较长的话时，应在换气处进行停顿；二是语法停顿，是根据句子结构或是标点进行不同长短的停顿；三是感情停顿，在表达感情的地方进行停顿，起着强化感情的作用。

声音，在我们的日常生活中无处不在，它同文字和画面一样，富含着感情、温度和灵魂。温柔和煦的声音，会让我们联想到春光和鲜花；干净清澈的声音，会让我们联想到溪水和清风；浑厚稳重的声音，会让我们联想到高山和大海……声音有着独特的魅力，也将带给我们无限的力量。在即兴演讲中，注意声音的运用，不仅能够迅速抓住听众的注意力，还可以将演讲内容呈现得更加生动形象，如此，才能在观众的记忆中留下深刻印象，令人回味无穷。

4. 让演讲姿势增添你的光彩

> 动作心理学，是研究动作和心理关系的一门学科，具体内容是了解和分析人们隐藏在面部表情和肢体动作背后的微妙心理活动。动作可以反映出人们的内心活动和真实想法，也可以对他人的行为和思想产生一定的影响。在即兴演讲中利用好姿势和动作，可以为演讲增光添彩。

罗马著名演讲家克文基里昂曾说："全身的动作都能帮助演讲家，而双手就能讲话（我们几乎不相信这一点）。难道我们不是借助双手来表示我们的要求、恳请、威胁、祈祷，表示我们的反对和恐惧、疑问和否定吗？不正是它们传达出我们的欢乐、悲伤、怀疑、负疚和悔恨，描绘出大小、数量、质量和时间吗？不正是它们指出某个方面或某个人，表示着赞美、请求、抑制、欲望、斥责、兴奋、同情吗？不正是它们使我们摆脱使用副词和代词的必要性吗？"

克文基里昂的这段话深刻地指出了非语言交流在演讲中的重要性，特别是双手的运用。这不仅是西方修辞学的一部分，在东方的演讲传统中也有所体现。

在提到某些名人或者明星的时候，我们眼前最先浮现的场景，可能就是他的招牌动作，例如，歌星微微抬头、仰望远方的姿势；舞者舒展身体、旋转跳跃的动作；企业创始人讲话时"抱球"或者"金字塔"形的手部形状，都给观众留下了极为深刻的印象，这就是姿势和动作所产生的独特魅力。在演讲中也是如此，恰到好处的动作语言也是演讲的一部分，在抓住听众注意力和充分展现演讲内容等方面，都会起到积极作用。

中国著名演讲家曲啸曾在分享经验时说过："演讲者的体态、风貌、举止、表情都应该给听众以协调平衡的至美感受。"演讲虽然是一门语言的艺术，却又不仅是一门语言的艺术。一场成功的演讲，往往需要演讲者在各个方面的表现都很优秀，而演讲者的肢体动作最容易让听众产生直观印象。

那么，我们又将如何在即兴演讲中正确使用肢体动作呢？

首先，在演讲中要保持得体的站姿和体态。

如果我们在即兴演讲时，想要展现出自身的独特风采和气度，最需要关注的就是我们的姿势是否得体和优美。在演讲时，演讲者的头部要尽量保持平视前方的状态，不要低头或者偏向左右两边，同时还要做到挺胸收腹，背肌尽量拉直，肩膀放松，腿部也

即兴演讲：关键时刻不要输在表达上

尽量不要出现弯曲的情况。演讲者的手部可以自然垂落在身体两侧，也可以交叠放在身前或者身后、端放在身前等，双脚则可以采用平行步、V字步、丁字步、稍息步等站立方式。

演讲者站立姿势的最佳状态，应是感觉似乎有根绳子，悬挂在头顶上方，牵引着自己的脊柱，将整个人的状态都拉得非常精神和挺拔。这种姿势，会让听众觉得演讲者精神饱满、信心百倍，给人一种非常值得信任和信赖的感觉。但要注意，演讲姿势也不能过于拘束，演讲者需要根据自身的不同情况和感觉，进行适当的调整，以达到最佳效果。

其次，利用姿势小技巧，可以让演讲更成功。

在演讲中配合使用一点动作和姿势，可以缓解演讲者紧张的心情，也可以跟演讲内容相结合，产生更好的演讲效果。大部分人都会在演讲时产生紧张的心理，这时我们可以尽量站在讲台或者发言台的后面，遮挡住一半身体，通常会让人更有安全感。演讲者也可以在演讲之前，在手里拿一支钢笔或者翻页笔，这样不仅会省去很多摸头发、抠手指等小动作，还能够让演讲者更加从容。但是纸张等轻薄的物体不适宜拿在手中，这样反而更容易引起紧张。

除此之外，我们还可以让姿势配合演讲内容，从而达到协调、形象的作用。例如，在内容涉及方位时，可以抬臂用手示意；在谈到奉献的话题时，可以手心向上，模拟献物的动作；在谈到拒绝等话题时，可以让小臂在胸前交叉，形成抗拒的姿势……配合演讲内容做出这些姿势和动作，会让听者对演讲者所说的话产生更直观的了解，也更容易在听众心中留下深刻印象。

最后，不要让姿势给演讲效果打折扣。

凡事都有两面性，既然演讲中存在为演讲者增添光彩的姿势，也一定存在"扣分"的动作。演讲者要有意识地规避不适宜的动作和姿态，以免引起听众的误解和反感。

在即兴演讲中，我们切记不要出现两腿交叉站立的情况，双脚分开站立时，其间的距离也不能超过肩膀宽度。这两种姿势都会给听众呈现出一种松垮和不稳重感，很难与听众拉近距离，将身体重心明显转到一侧，只用一条腿支撑身体，也是同样的道理，最好不要采用。低头、歪脖子、驼背、端肩、含胸等肢体动作，要尽量避免在演讲中出现，这些动作往往会伴随无精打采、东倒西歪、倚靠讲桌或墙边等姿势，向听众传达出一种困倦和疲惫感，最终只会让整场演讲迅速垮掉。此外，如抿嘴、抓头、抖腿等身体下意识的小动作也要加以克制，不要让这些干扰自己的演讲状态。

在即兴演讲中，姿势和动作确实能够提升演讲者的气场和光彩，但在使用时也一定要注意"分寸"。姿势和动作要尽量做到自然和简练，过多和复杂的动作会让听众觉得眼花缭乱，难以把握重点，也会让演讲者觉得劳累，无暇应对。同时，我们还应深刻认识到，演讲姿势是为演讲内容所服务的，要做到精确、恰当与和谐，不能出现与演讲内容相反的情况，姿势只有与内容、声音、表情等要素配合在一起，才能发挥最大作用。

5.

牵着听众的情绪走

> 即兴演讲需要经常与听众互动,从情绪心理学来看,跟听众互动时,即兴演讲者很容易产生情绪,此时,不被情绪冲昏头脑才能为演讲者的气场与气度加分。

在一个寒冷的冬日,莫斯科的一座大剧院内座无虚席。苏联著名诗人马雅可夫斯基站在台上,他的演讲犀利而深入人心,直指时代的弊端和某些文人的庸俗行为。他的每一句话都像一把锋利的刀,直刺听众的心灵,使得整个剧院的气氛变得紧张起来。

突然,一个男子站起身来,他的脸上满是愤怒和不满。他大声喊道:"马雅可夫斯基先生,您说的笑话我完全不懂!"他的话引起了一阵哗然,整个剧院的气氛变得更加紧张。但马雅可夫斯基并没有被这突如其来的挑衅所打乱,他淡定地看了那个男子一眼,然后幽默地说:"你莫非是长颈鹿?只有长颈鹿才可能星期一

第四章
即兴演讲小技巧，为你的演讲加分

浸湿的脚，到星期六才感觉到啊！"

这一幽默的回应立刻引起了全场的哄笑，那个男子的脸上露出了尴尬的表情。但他并没有就此罢休，他愤怒地嚷道："我说马雅可夫斯基，您怎么把我们大家都当成白痴啦？"马雅可夫斯基故作惊异地看着他，回答："哎，您这是什么话？怎么是大家呢？我面前看到的只有你一个人……"

听了马雅可夫斯基的回答，全场再次爆发出热烈的掌声。马雅可夫斯基以他的机智和幽默，成功地化解了这一尴尬的局面，赢得了广大听众的尊重和喝彩。

试想，如果马雅可夫斯基面对这位男士的故意刁难没有压制自己的情绪，而是生气、愤怒，甚至失去理智口不择言，那么，他的演讲一定会变成一场灾难。毕竟，钢刀砍在石头上，肯定会溅起火星，但如果钢刀砍在棉花上，则软而无力，对方也会失去强硬下去的气势。

历史上，廉颇与蔺相如"将相和"的故事，告诉人们在与有误解或有隔阂的人相处时，应避其锋芒，不要硬碰硬，不使用咄咄逼人的语气，如果一方能主动示弱，便有利于矛盾的化解。而这主动示弱或置之不理的人，就是即兴演讲者。

相比站在人群里的抗议者，即兴演讲者是站在舞台上的。这时，大家的目光不会聚焦在闹事的人身上，反而会聚焦到舞台上的即兴演讲者身上。大家都想看看，面对抗议者的刁难，即兴演讲者会做出什么反应。此时，如果即兴演讲者反应过激，就会让

即兴演讲：关键时刻不要输在表达上

听众觉得演讲者不大气，气场不够，而如果即兴演讲者泰然处之，甚至能巧妙地反击对方，则会让自己的演讲成倍加分，让演讲成为一场经典。

那么，我们在即兴演讲时，要如何做才能控制自己的情绪呢？

第一，情绪暗示法。

在即兴演讲中，如果遇到有人故意滋事，那我们的情绪肯定会受到影响。此时，我们需要通过心理暗示，让我们的情绪不被对方牵着鼻子走。比如当对方说了一件让我们很生气的事时，我们反而要暗示自己，对他抱有一种悲悯的心态。如果我们流露出对他的悲悯，反而会让对方自乱阵脚，心虚不已。

平时，我们可以为自己设置几个暗示词。比如生气的时候，提到"苹果"二字，头脑就会稍微冷静下来，继而在即兴演讲时，让情绪不被对方牵着鼻子走。

第二，话题转移法。

当我们遇到故意滋事的听众，或者与我们意见相左的听众时，不妨先用话术应对，"我想请您先听完我的演讲，我们再讨论这个问题""这个问题与本次演讲内容无关，请您尊重一下举办方，谢谢您""您的意见我会尊重，也请您尊重我的演讲，等我讲完后我们再讨论，谢谢您"。

当我们使用话题转移法后对方继续纠缠不休，听众也会因为对方的纠缠而感到烦闷，这时我们就与听众站在了一边，这也能在不失气场的情况下，让对方无可奈何地结束自己的话题。

即兴演讲是一件随机性的事件，我们在即兴演讲时，可能会面对各种各样陌生的听众，出现各种意外情况。比如在大型活动会场，一些人会故意哗众取宠、借题滋事。再比如在单位会议上，也有一些与我们意见相左的人提出让我们颇为头痛的话题。这时，如果我们控制不住自己的情绪，就会让即兴演讲变成战场，促使矛盾进一步激化。相反，只要我们控制住自己的情绪，不但能彰显自己的气度，还能用这份气场让听众对自己更加信服。

6.

演讲手势，增强即兴演讲的感染力

> 从心理学上看，习惯性动作会暴露一个人的内心状态。但从即兴演讲心理学上看，无意识的动作反而会帮助演讲者放松下来。而且，演讲者的手势还能让即兴演讲充满激情与感染力。

梁姝在演讲时有个习惯，就是将左手握拳，然后将左手的食指与中指伸出，在演讲时做出一副指点江山的样子。大家都觉得梁姝的动作很有气势，而且很有趣，所以每次有演讲需要，大家都喜欢推荐梁姝上台。事实上，梁姝的演讲内容并不算出彩，但只要她做出自己专属的动作，大家都能会心一笑，现场气氛也随之达到高潮。

一次，梁姝在工作会议上被要求总结自己部门的业绩情况。只见梁姝不慌不忙地站起来，右手背后，左手做出了习惯性的手势,一边讲,一边用左手比划。在座的领导与甲方代表都感觉到了梁姝澎湃的激情。就这样,梁姝凭借自己独特的演讲手势,弥补了自己演讲内容上的不足,成为公司有名的演讲专家。

大家都知道,每个人的长相和性格不同,每个人的演讲手势也是如此。梁姝的演讲手势虽然普通,但相比大部分即兴演讲者毫无动作地站在台上,梁姝的手势已经算是非常富有激情了。

很多人不愿意在演讲时加入手势内容,认为加入动作会分散自己的注意力,影响自己的语言表达。但事实上,用一些手势反而会让演讲变得更加自然顺畅。我们不仅可以用手势加强即兴演讲的气场,还可以用其他有感染力的姿势来配合演讲。

根据负责为林肯撰写传记的贺恩登回忆,他在跟林肯共同执行法律业务时,林肯总喜欢用脑袋做一些姿势。在强调自己的某种意思时,林肯会用力甩动自己的头部,就好像要把火花飞溅到易燃易爆物品上一样。林肯从来不像其他演讲者那样使用猛烈的手势,他只是安然自在地甩动自己的头部,仿佛要把自己的见解散播到听众的脑海中一样。

有时候,林肯为了表达自己的喜悦与欢乐,也会高举双手,让手掌向上,仿佛要用双手拥抱自己喜爱的东西一般。如果他想表达厌恶情绪,比如谴责奴隶制度,那么他就会高举双臂,握紧双拳,在空中挥舞,表达出憎恶感。

而罗斯福则比林肯更有活力、更激昂、更积极。罗斯福喜欢握紧拳头,让整个身体成为自己表达感情的工具,他的脸孔也会

即兴演讲：关键时刻不要输在表达上

因为充满感情而显得生机勃勃。罗斯福习惯高举右臂，然后以无与伦比的力量猛然往下一带。每当他做出这种姿势，在场的听众都会充满激情，跟他产生共鸣。

可以看出，演讲手势不仅是手势，还有各种姿势。但对即兴演讲的初学者来说，手势要比其他姿势更容易实现和掌握。常见的手势语言一般可以分为四类：第一类是感情手势，目的是表达演讲者的情感，让情感更加具体化、形象化；第二类是象征手势，表示抽象的东西；第三类是形象手势，表达具体的感觉；第四类是指示手势，用来指示具体的对象。除了手势语言外，还有一些常见的演讲手势比如上举、下压和平移三类。在这三类手势中，每一类也分为单手和双手两种，而每一种又可以分为拳式、掌式、翻腕式等类型。

通常情况下，手向上、向内、向前都可以表达肯定、成功、希冀等积极意义的内容，而手向下、向外、向后则表示否定、批判、不屑等消极意义的内容。很多即兴演讲者会用习惯性的手势来辅助表达情绪，比如空中劈掌，表示果断、果决；一根手指微微摇动，则表示一种否定或无所谓的心态；双手摊开表达自己的无可奈何；单手握拳晃动表达自己的决心或愤怒。

当然，即兴演讲的手势虽然大有讲究，但也并非很难应用。我们可以从以下两方面，让手势成为助力即兴演讲的重要动力。

第一，选择中性的固定演讲手势。

一些即兴演讲者会在站起来的瞬间，根据即兴演讲的内容决定自己要用的手势，这种手势虽然有效，却没有辨识度。就像前文提到的梁姝，她演讲时也会使用其他手势，但她有固定的专门手势来增加辨识度，让人们一看到这个手势就想到梁姝本人。所以，我们不妨为自己设计一个专属手势，让这个手势成为我们演讲的代名词，也成为我们成功演讲的助力。

第二，不要重复使用一种手势。

重复使用一种手势会令人产生枯燥、单调的感觉。如果要用食指强调自己的想法，一定要在整个句子中维持那个手势。手势结束得太快，也是一个很严重的错误。这个错误会削弱我们所强调的内容，凸显那些不太重要的内容。

只要我们在演讲时有意识地做出一些手势，不久之后我们就会将这种有意识的手势变成无意识的手势。当无意识手势形成后，我们反而会放松下来，并将注意力集中到自己的即兴演讲上。

第五章
控场,让演讲变成你的脱口秀

1.

游戏控场力，调动观众的舞台参与感

> 游戏不仅能够帮助我们放松身心、获得快乐，还能够帮助我们培养良好的意志品质，在帮助调节并形成健康心理等方面也起到了一定作用。生活中处处存在游戏，在即兴演讲中加入游戏能够充分调动听众的热情，让听众更有参与感。

一名演说家在公共场合进行演讲时，从口袋里拿出了一张面值20美元的崭新钞票，询问他的听众："我这里有20美元，谁想要拥有？"一时间，台下几乎所有人都举起了手。

随后，演说家把这张纸币放着手中揉搓了几个来回，20美元很快变得皱皱巴巴，甚至团成了一个球形。他再次举起手臂，问台下的听众："现在还有人愿意要这20美元吗？"不出意外，台下仍旧有很多人举手表示愿意。

接着，演说家又将这张钞票放在地上，用沾满灰尘的鞋子去

第五章
控场，让演讲变成你的脱口秀

踩它，直到它变脏、变旧甚至出现破损。他第三次举起钞票："现在，还有谁愿意拥有这20美元吗？"这次，仍然有人举起了手。

演说家至此露出得逞的笑容，正式引出这次演讲的主题："钞票的价值，并不会随着变皱、变脏、变破等情况而有所改变，仍然可以正常消费。而我们人类的价值也是如此，只要自身能力强大、学识渊博，就算遇到再多的困难和挫折，也不会将我们打败。"

控场力，是指演讲者对现场的一种控制能力，包括对演讲节奏和时间的把控、对现场气氛的调节、对听众注意力的吸引以及一切突发事情的应对。这是演讲者强大能力和自信态度的集中体现，这样发表的演讲内容往往也会让听众更加信服。

一场精彩的演讲，除了演讲者在台上的侃侃而谈，往往还需要听众在台下的参与和互动，这两者相结合能够促成更好的演讲效果。演讲小游戏，是一种不错的互动选择，这种方式不仅可以活跃现场气氛，还能够为彼此迅速建立熟悉感和信任感，打破陌生和尴尬，同时在帮助听众进入演讲情景、提升演讲效果等方面也起到了一定的作用。那么，在演讲中我们可以进行哪些小游戏呢？

第一种，互动问答式游戏。

演讲中的互动问答式游戏，一般与演讲内容息息相关，主要可以分成两种，一种是需要听众回答的，另一种是需要听众举手示意的，这两种情况在演讲中都很常见。

需要听众回答的提问方式，又可以细分成两种，第一种是需要听众配合阐述的简答类问题，例如对自身经历事件的讲述或者

即兴演讲：关键时刻不要输在表达上

对于某些事情的看法等，都属于这一类别。第二种是需要听众配合回答的选择类问题，答案通常为是或不是、要或不要、有或没有这种简单的答案，不需要指定某位听众作答，可以由大家一起喊出答案。

而在刚才提到的关于20美元的演讲故事中，演讲者所采用的方法就是举手互动游戏，这种方式可以帮助演讲者迅速了解听众的基本情况，掌握听众的想法和状态，也能在听众中找到认同者，及时调整演讲内容。

互动问答是最简单的控场游戏，在演讲中十分常见，这种方式能够让大多数听众参与到演讲中来，更容易激发听众们的热情，拉近与听众的关系。

第二种，表现展示类游戏。

在演讲过程中，许多演讲者会根据演讲内容的不同，设计很多有趣的游戏，并通过游戏的形式或者结果的展现，直观地向听众展现出所讨论的观点或者看法。这种游戏往往需要听众从台下走到舞台上，因此需要演讲者具备强大的组织能力和协调能力，将想表现的内容完美呈现出来。

游戏内容的选择，也是演讲者控场力的一个表现。演讲者一定要选择与演讲内容密切相关并切实有帮助的游戏，才不会让听众觉得莫名其妙。例如，演讲内容是信任，我们可以设计"信任背摔"等游戏；演讲内容是团队合作，我们可以设计"合力颠球"等游戏；演讲内容是专注，我们可以设计"传声筒"等游戏……这些游戏可以形象生动地帮助演讲者把所讲内容展现出来，而且听众也能从中获得参与感，被演讲深深吸引。

第三种，演讲前的提神小游戏。

即兴演讲的发生地点和发生时间都有很强的不确定性，因此听众的状态也会有所不同，现场嘈杂的环境和听众困顿的状态，会对演讲效果产生一定的负面影响。为了克服这种情况，一些演讲者会选择在演讲正式开始前，与听众互动完成一些简单的小游戏，以达到提神醒脑、集中精力、掌控现场的作用。

演讲前的互动小游戏通常不需要听众有大幅度动作，在原地就可以顺利完成，击鼓传花、成语接龙、逢七跳过、手指互动等小游戏，参与人数众多，并且会营造出一定的紧张感，有助于提升听众的专注力，对后面的演讲产生一定的积极作用。

演讲中的游戏是听众们喜闻乐见的互动形式，这会让听众更有参与感，对演讲内容产生更深刻的体会。在选择演讲游戏的时候，演讲者一定要根据自身对现场和听众的掌控力，从相对低级和简单的游戏开始练习，逐渐掌握这个方法，这样才能更好地调动听众的积极性，收获满意的演讲效果。

2. 玩梗补救，及时补救口误

> 从大众心理学上看，口误是一种由于紧张等因素而引发的现象。因为很难提前准备，所以即兴演讲中的口误是很难避免的，很多人都会因此出现口误。不过，口误不要紧，亡羊补牢并不算晚。

在一场很重要的洽谈会上，负责报表制作的郭鑫被老总点名，让他给甲方代表们讲一讲目前的数据。郭鑫虽然能言善辩，也不怯场，但这毕竟是他第一次参加大型洽谈会，所以心里难免还是有些紧张。

被老总点名后，郭鑫深吸一口气，随后将目前数据一一讲来。讲到次年预测的某一个关键数据时，郭鑫一不小心将原本的一亿两千万说成十一亿两千万，比原来的数据整整多了十个亿。

听到郭鑫的口误，甲方代表露出不屑的神色，老总的面色也凝重起来。这时，郭鑫微笑着说道："对不起，各位，是我的失误，该预测数据应该是一亿两千万。不过，我个人更希望这个数据是十一亿，因为这是，我们共同努力的项目值。"

之后，郭鑫继续汇报其他数据。汇报结束后，甲方代表赞许地鼓起掌来。

在一些即兴演讲中，有些人可能会因为紧张或其他原因，出现口误，比如念错字、说错话、记错数字等情况。说出去的话如泼出去的水，为了避免尴尬和引起更大的错误，当出现口误时就应该及时补救。

第一，大方道歉，不必紧张。

对待言语失误，有时大方地表达歉意，反而比掩饰来得高明。德国总理安格拉·默克尔刚踏入政坛的时候，给人的感觉有点"冷"：她留着一头过于中性的短发，从来不化妆，而且她的嘴角总是向下拉着——似乎从来不会笑。不仅如此，与被誉为"媒体总理"的施罗德相比，默克尔不擅长在记者面前展示自己。但是，就是这样一位原来一脸冰霜的"铁娘子"，后来却成为德国首位女总理。

当时，德国联邦议会就施罗德政府不信任案正式讨论，基民盟主席默克尔代表反对党发言。在这个重要时刻，默克尔出现了一个重大口误：她将盟友自由民主党的名称FDP误说成了SDP（社会民主党），原本气氛紧张的会场哄堂大笑。可是，默克尔并没有慌乱，而是面带自然亲切的微笑，纠正口误后继续演讲。

即兴演讲：关键时刻不要输在表达上

这是一个能上第二天报纸头条的笑话，但默克尔的新闻发言人却认为，从电视效果看，这是一件有助于她重塑良好形象的好事——"最重要的是，她终于笑了，现在，笑容是决定性的"。

也就是说，当我们意识到自己出现口误时，最重要的是不刻意回避、掩饰。如果口误发生在细枝末节的问题上，不妨用插科打诨或转移话题的办法岔开别人的注意力；如果别人对口误已有所察觉而问题并不严重，稍作解释即可；如果性质较严重而且已经引起了别人的不快甚至反感，就要立刻诚恳地道歉，然后郑重地做些解释，当场消除口误带来的不良影响。

第二，借题发挥，巧妙补救口误。

这种方式很适合头脑活络、应变能力强的即兴演讲者。例如，有一次阮籍上早朝时，忽然有侍者前来报告："有人杀死了母亲！"放荡不羁的阮籍不假思索便说："杀父亲也就罢了，怎么能杀母亲呢？"此言一出，满朝文武大哗，认为他有悖孝道。阮籍也意识到自己言语的失误，忙解释说："我的意思是说，禽兽才知其母而不知其父。杀父就如同禽兽一般，杀母呢？就连禽兽也不如了。"一席话，竟使众人无可辩驳，阮籍也因此避免了杀身之祸。阮籍在失口之后，只是使用了一个比喻，就暗中更换了题旨，然后借题发挥一番，巧妙地平息了众怒。

我们在即兴演讲时，如果因为口误而被别人抓住了"小辫子"，不妨先跟对方站在统一战线，然后解释自己的话纯粹是一个误会。只要误会解除，那口误危机也就解除了。

3.

循循善诱，像相声一样"抖包袱"

> 在营销心理学中，使用步步为营、循循善诱的方式，能让你的话语更具说服力。即兴演讲时，适当用引导的方式与听众互动，就能让听众顺利被你的演讲所吸引。

严天是某运动器材厂的一名金牌产品销售员，他经常到各地参加该产品的营销会或互动会。一次，他去参加该运动器材的交流会时，遇到了曾经带自己推销产品的组长王宇。此时，王宇已经晋升为销售总监，这次产品交流会就是他举办的。

交流会上，王宇笑意盈盈地给大家介绍严天，介绍完毕，他还让严天上台，给大家分享一下使用产品的心得。面对台下的销售员、客户和工作人员，严天毫不怯场，大大方方地站在台上说道："我先问大家一个问题，在座的各位是不是都很爱自己的家人？"在场的人都毫不犹豫地点头示意。严天满意地笑了笑，又

即兴演讲：关键时刻不要输在表达上

问道："那么，大家是不是都希望家人能健康长寿，身体倍儿棒？"在场的人再次点头，不少人还喊道："对，这是当然的！"

严天笑着继续说："咱们这款运动器材啊，简单易用好操作，经常用还能增强人体的免疫力。大家都知道，免疫力对人体那是至关重要的。大家都很爱自己的家人，希望他们身体健康，长命百岁，而我们的产品恰好能帮助大家，为家人的健康增砖添瓦。那么大家说，我们的产品好不好？"

大家的情绪因严天的话变得高昂起来，纷纷鼓掌称好。就这样，产品交流会在一片欢乐的氛围中开始了。

在与人沟通的过程中，步步为营、循循善诱是非常有效的说服方法。用在即兴演讲中，这种效果还能成倍增长。很多时候，演讲者都会用最直白的方式来演讲。比如"婚礼现场——直接给新人送祝福""会议现场——直接汇报工作""生日宴会现场——直接感谢来宾"。这种方式简单，但在一些带有目的性的场合却不太适用。

上例中的严天在产品交流会被要求做一场即兴演讲，他演讲的目的除了炒热现场氛围，还有帮助推销产品、介绍产品。所以，他使用步步为营、循循善诱的即兴演讲方式是非常正确的。

那么，我们在需要使用循循善诱方式即兴演讲时，又该如何去做呢？

第一，利用惯性思维诱导。

华盛顿是美国历史上第一位总统，也是一位风云人物。他之

第五章
控场，让演讲变成你的脱口秀

所以取得如此巨大的成功，一方面固然与他天生的聪明才智有关，另一方面也与他为人处世的技巧有很大关联，在与人交谈中懂得循循善诱更是他的独门绝招。

据说，有一个小偷偷了华盛顿一匹马，经过一番仔细搜查，华盛顿发现他家的马在邻居家的农场里，于是便与当地的治安警官一同去邻居家里索讨，却遭到了邻居的拒绝。情急之下，华盛顿想出了一个绝招，他用双手蒙住马的两眼，对邻人说："你说这匹马是你的，那你肯定对它了如指掌，现在我请问你，这匹马哪只眼睛是瞎的？"

邻居没想到他会问这样的问题，他从华盛顿家里偷来这匹马后也没有仔细看过，于是随口乱猜地回答道："右眼。"华盛顿将蒙住马匹右眼的那只手放开，邻居失望了，它的右眼并不是瞎的。但是为了掩饰自己的偷盗行为，他急忙解释道："不，刚才我说错了，一时心急分不清左右，马匹的左眼才是瞎的。"听完邻居的回答，华盛顿将蒙在马匹左眼上的那只手也放开，邻人又失望了，马匹的左眼也不是瞎的。这时候，站在一旁的警官说话了："通过你的表现可以看出这匹马并不是你的，请你立刻将马匹交给华盛顿先生。"

华盛顿就是用了对方的惯性思维进行诱导，最终取回了自己的马匹。我们在即兴演讲时，不妨利用听众的惯性思维和从众心理，先问几个大家都认可的问题，或者熟悉的常识，然后一步一步向自己的演讲主题靠近，最后在听众的关注下来一场成功的即兴演讲。

第二，适当激励。

步步为营、循循善诱的方法也是营销人员经常使用的方法。为了引导顾客购买自己的产品，营销人员通常会有步骤地向顾客提出一些问题，让他就交易的各个组成部分作出决定，最后促使顾客购买商店的产品。即兴演讲时，我们既要尽力减轻听众的思想负担，同时又要达成一定的目的，只有这样才算是一场成功的即兴演讲。

不过，在采用循循善诱的方法说服他人的时候，也应当注意千万不要随意批评听众，而是要采用一种激励的手段，充分尊重听众的自尊心，尊重听众的人格独立，只有这样才能获得听众的青睐。

4. 学会用玩笑回避问题

> 幽默是指个体凭借言语的趣味性等特点，引起他人发笑等快速情感反应的行为。在即兴演讲中，适当的玩笑可以增加演讲的趣味性，对于缓解紧张氛围、增进人物关系、弱化矛盾对立、收获愉快心情等均可以起到积极作用。

一天，在某知名企业的招聘处，一位年轻人前来应聘。当他走进人事经理办公室时，却发现经理已经在收拾东西了。经理看了一眼拿着简历的年轻人，面露难色地说道："实在不好意思，我今天面试了足够多的优秀人才，现在连他们的名字都登记不完，已经不需要再招人了。"

经理这一番话其实是想让这个年轻人知难而退。而年轻人听了经理的话后，却露出笑容，幽默地回复道："既然这样，那我看你们还缺一个人，让我来做这份工作怎么样？我来为您登记职员

即兴演讲：关键时刻不要输在表达上

的名字。"

经理听了他的话后，不由得大吃一惊，立马放下手中的东西，和这个年轻人聊了起来。最后小伙子凭借风趣的谈吐和自信的姿态，成功入职这家企业。

我们不是在讨论即兴演讲吗？怎么聊到了面试上，是不是有点跑题了？

谁说面试就不是一场即兴演讲呢？面试是最考验一个人即兴发言能力的事情，我们与面试官说的话，很多是没有办法提前想好的即兴表达。一般人遇到上述案例中的情况，估计会选择丧着脸走出办公室。但是案例中的年轻人却通过一句玩笑话巧妙地将经理抛出的难题还给了对方，因此引起了经理的注意，并通过和经理的一番交谈，让其对自己刮目相看，成功得到了这份工作。

在即兴演讲中，很多演讲者在面对听众提出的无法解决的问题时，没有案例中年轻人的这种思维，不懂得如何利用玩笑去回避问题，才致使很多完美的即兴演讲毁于最后的问答环节。那么，即兴演讲者要如何巧妙地通过玩笑来应对听众提出的问题呢？

第一，反向玩笑话，轻松拿捏问题。

罗斯福在就任美国总统前，曾在海军担任要职。一日，他的朋友向他打探海军的机密。罗斯福向四周看了看，压低了嗓门说："如果我告诉你，你能保密吗？"朋友斩钉截铁地回答道："当然能！"罗斯福笑了笑，回答道："既然你能保密，那我也能。"

罗斯福的这句玩笑话，可谓一语双关，既反驳了朋友这种不合理的行为，又让朋友明白了自己的态度，甚是高明。我们在做即兴演讲时，要做好这样的心理准备：那就是我们的讲话并不能说服所有人，其中有人认可，就有人反对。当听众对演讲的内容提出疑问时，我们要放平心态，并通过反问等方式的玩笑话来活跃气氛，灵活反驳，将问题再丢回给提问者。但同时我们也要注意，使用玩笑话时要做到论据充足，不然可能会导致听众心理上的反抗。

第二，顺水推舟，将错就错。

美国政界要员凯升首次在众议院发表演说时，穿得非常土气。一位议员嘲讽他："这位伊利诺伊州来的人，口袋里一定装满了麦子。"谁知凯升非但没有生气，还接着他的话说："真的，我不仅仅口袋里装满了麦子，而且头发中还藏着许多菜籽，我们住在西部的人，大都是土头土脑的。"紧接着凯升话锋一转，说道："不过我们藏的虽然是麦子和菜籽，却能长出好苗子来！"凯升的真诚和坦率赢得了听众的好感，大家纷纷为他鼓起掌来，演说也因此获得了巨大的成功。

议员的嘲讽对正在演讲的凯升而言无疑是巨大的尴尬，而凯升直接顺水推舟，通过自嘲式的玩笑巧妙回应，不仅赢得了听众的认可，还借机嘲讽了回去。当我们在即兴演讲时遇到不太友好的问题时，可以尝试将这个问题接下来，不用着急反驳或者辩解，而是要顺着这个话题发散思维，利用恰当的幽默使我们反客为主，让它为我们所用，改变尴尬的境况。

在即兴演讲中，听众友善的声音和不友善的声音一定会同时

即兴演讲： 关键时刻不要输在表达上

存在，我们在面对刁钻提问或者反对意见时，一定要保持乐观心态，积极应对，这样才能够稳住局面和气场，不让自己落入被动的处境中。然后，我们便可以通过高度敏锐的思维寻求解决问题的办法，再开个轻松的小玩笑，如此一来，问题也就迎刃而解了。

5.

巧妙引出主题的点睛之笔

> 在心理学中,共同性是人们取得共识、建立同感的有效方式。而演讲的主题作为引导听众思维的路标,可以让听众迅速抓住演讲者想要表达的中心思想和价值观,并使其产生共鸣,更好地配合演讲者完成演讲。

1938年,陶行知先生来到武汉大学做演讲。他在同学们热情的掌声中,拿着一个包走上了讲台,他没有立刻开始演讲,而是从容地从包里拿出了一只大公鸡。他将公鸡放在讲台上,又从口袋里掏出一把米,随后又伸手按住公鸡的头,强迫它去吃米。公鸡自然不肯,陶行知见状,把米拿到手中,掰开鸡嘴强行喂食,公鸡还是不肯。接着,他松开手,后退了几步,给公鸡留出自由活动的空间,没过一会儿,公鸡就抖了抖翅膀,自己去吃米了。

陶行知的这一系列行为深深吸引了老师和同学们的目光。看

即兴演讲：关键时刻不要输在表达上

公鸡吃完了米，陶行知才把公鸡放到一边，开始发表自己的演讲。他说，教育就跟喂鸡是一样的道理，老师把知识强硬地灌输给学生，学生是不会情愿去学习的，老师要将学习的主动性还给学生，充分发挥他们的主观能动性，才能产生更好的效果。

到这里，陶行知才真正引出本次演讲的主题，老师和同学们恍然大悟，现场爆发出了热烈的掌声。

主题，也叫主旨或者中心思想，它是任何文艺作品的灵魂。在即兴演讲中，主题就是演讲者通过全部演讲内容所表现出的思想或者意向，它决定着演讲的方向、内容和方式等。没有主题的演讲就像是随风飘荡的树叶，不知道何时落地，也不知会落到哪里，而听众更是会听得云山雾绕、困惑不已。因此，演讲通常需要最先把主题确定下来，再以此为基础进行发挥、创作。

在确定演讲主题之后，最需要考虑的就是主题的引入问题。一个优秀的主题引入，可以快速抓住听众的注意力，将他们带入演讲者的演讲情景中，让他们跟着演讲者的思路进行思考，从而更加容易接受演讲内容，取得理想的演讲效果。关于引出演讲主题，我们可以从以下几方面入手。

首先，开门见山地引出主题。

开门见山是演讲者经常选择的主题引出方式，通常情况下，为了确保听众能清晰理解和认同自己的观点，演讲者都会选择在开头部分揭示主题。一般来说，这种主题引出方式又可以细分为三种形式。第一种形式是在演讲的开头用概括的方式引入主题。

例如在工作会议、领导讲话、报告等场合，演讲者通常会直接点出这次演讲的目的、背景和议题等内容，语言简练，内容直接，清晰易懂。第二种形式是用设问或者反问等方式引出主题，例如，"如果只剩下三天时间，你们会选择做些什么呢？""谁能没有理想呢？"等提问式入题方式，更有利于引起听众的思考和共鸣。第三种形式是谦虚客套的开场方式。例如，"这位朋友刚才的发言对我深有启发，我再补充几点"，适用于前面有人刚发表完演讲的情况下；"尊敬的各位领导和同事，我谨代表全体部门同事，对大家的到来表示欢迎"，适用于公司有客到访等情况，这种开场方式得体周到，在职场或者相对正式的场合比较常见。

开门见山这一引出主题的方式，能够让即兴演讲的开头更加简洁，中心思想也更为鲜明，有利于听众迅速了解演讲内容，并跟上演讲者的思路。

其次，用悬念与曲折情节引出主题。

陶行知在演讲中利用公鸡和粮食比喻学生和学习的关系，就属于利用悬念与曲折引出主题。听众不知道陶行知的真实用意，从包中拿出的公鸡会在第一时间吸引在场听众的关注目光，至此现场听众就落入了他的"圈套"，跟着他的思路一步步接近主题，最后在他的讲解中对演讲主题产生更深刻的理解和认同。

运用趣味故事和实验方式展开演讲，也属于用悬念与曲折情节引出主题，这种入题方式能够为演讲增加更多趣味性，避免平铺直叙地表达，能够引起听众的重视，并激发听众的兴趣。同时，这种点题方式也会让演讲主题变得更加浅显、生动、直观，易于理解。但需要注意的是，这里所选的故事和内容要切实与演讲主题相关，不可牵强附会。

最后，以反差方式引出主题。

以反差方式引出主题，是利用强烈的对比、对照、映衬等方法，来引出自己所讲的主题，并在听众心目中留下深刻的印象。使用这种方式可以从主题内容入手，例如，主题讲勇敢，就用胆怯引出；主题讲勤奋，就用懒惰引出等。也可以从名人名言入手，提出不同的看法，例如，"行后要三思""走别人的路，让自己少走弯路"等。还可以在语境中形成反差，例如，非常努力争取却依然没有得到回报，在海边枯坐却钓不到鱼等，都可以让听众耳目一新，产生继续听下去的想法，也会让他们更加信服演讲者的主题表达。

不论是文章还是绘画，任何艺术形式都蕴藏着创作者想要表达的中心思想，即兴演讲也不例外。巧妙地引出演讲主题，不仅能够将主题清晰、明确地呈现出来，还可以迅速与听众建立联系，吸引听众的注意力，更是演讲者控制演讲节奏、营造演讲氛围、升华演讲内涵等重要能力的集中体现。

6.

面对突如其来的提问怎么办

> 在即兴演讲过程中,难免会遇到一些突发情况,比如有些听众会进行尖锐辛辣的提问。遇到这种情况一定要保持镇定,才能让演讲顺利进行。

温斯顿·丘吉尔曾两度担任英国首相,在第一次就任首相一职的时候,很多人为了一己私利纷纷来巴结他。对此,丘吉尔一概拒绝。有一次,南希·阿斯特来布雷尼宫拜访丘吉尔,因这位女士是一位杰出的女权主义者,两人素来交情深厚,丘吉尔热情地款待了她。

南希·阿斯特同丘吉尔谈着谈着,便拐弯抹角地表明了自己这次拜访的目的。原来她很希望能够成为第一位进入众议院的女议员,为了达成心愿,她希望能够获得丘吉尔的大力支持。南希女士忐忑不安地看着丘吉尔,对方沉默了半晌,微微摇了摇头。

即兴演讲：关键时刻不要输在表达上

南希·阿斯特很失望，却又不甘心，便一再恳求。丘吉尔收敛了笑容，严肃地说："不，女士，我不可能答应您的请求。"

看着丘吉尔义正词严的样子，南希·阿斯特脸上由红转白。她瞬间恼羞成怒起来，提高声音凶巴巴地说道："温斯顿，你怎能这样对我？如果我是你的妻子，我一定会往你的咖啡杯里投放毒药！那么，你会怎么做呢？毫不留情地将我抓起来吗？"说着，南希挑衅地看着他。面对这个难缠的问题，丘吉尔却面色如常，轻声说道："如果我是您的丈夫，我一定会毫不犹豫地喝下去。"

南希·阿斯特愣了一下，为自己刚刚的失态羞愧起来。丘吉尔却并没有在意，淡定地将话题岔开，仿佛之前的事情从来没有发生过。丘吉尔在面对这突如其来的过分问题时并没有慌张，也没有恼怒，他只是用了一句简单又有力的话，将局面彻底扭转了过来。

无论是在日常交流过程中，还是在公众场合即兴演讲的时候，难免会发生很多不可控的意外情况，尤其是一些突如其来的提问。想要把控全场，牢牢稳住局面，就一定要充分运用你的临场发挥和应变能力。

很多人在遇到这一类不怀好意的挑衅式问题时，经常会选择临阵脱逃。殊不知这样的处理方式不仅会使矛盾越积越深，也会给围观的听众产生不好的印象。面对那些抛出尖锐问题的"挑衅者"们，我们一定要积极面对，尽量当场解决问题。

在即兴演讲中，很难百分之百地避免一些突如其来的情况发生，比如忘词、演讲设备出现故障等。其中最常见的莫过于被问到一些突如其来的、尖锐辛辣的、足以摧毁我们所有自信与镇定的问题。遇到这样的情况，千万不能慌乱、情绪失控，这是自乱阵脚的表现，更不能因此背上过重的心理负担，而要全程保持风度与冷静。

如果遇到的是那种故意挑衅式的问题，我们可以采取正面回击的方式，迅速组织好语言，充分调动一切聪明才智，从正面给予对方重重一击。这样做既能保全自己的尊严，又能消灭对方的威风，实在是很痛快的一种方式。

不过在大多数时候，对方在提问时可能并不带有主观恶意，只是恰好提出了一个足以让我们手忙脚乱的问题而已，这时候又该怎么办呢？

第一，趋利避害法。

明智的做法是趋利避害，或者巧妙地转移话题。每个人都有感应危险的本能，演讲者在即兴演讲过程中感应到极有可能出现危险的时候，一定要第一时间住口，并试着把话题转移到一些轻松愉悦的内容上去。转移的时候不要太过生硬，不然很容易被人察觉出端倪。学会巧妙自然地转移话题，也是即兴演讲中一个十分重要的技巧。

第二，侧面回答法与反问法。

很多时候，听众突然提出问题的目的并不是非要求得一个答案，他们可能是为了宣泄不满，可能是故意闹事，也可能是单纯表达不同的看法。这时，即兴演讲者可以不直接回答对方的问题，

即兴演讲： 关键时刻不要输在表达上

比如对方提出疑问"保险就是骗人的"，我们就可以说："很遗憾，虽然你不能认同我，但我还是希望你能一生都平安顺利。"这样既巧妙地避开了争辩这个问题的风险，也向听众传达了"我不同意你的看法"的意思。

不过，想要将以上这些技巧完美、纯熟地运用，还需要极其突出的随机应变和临场发挥的能力。很多人觉得这些能力是先天的，其实不然，只要肯下功夫，这种能力通过后天训练也可以习得。

7.

坚定自信但不要咄咄逼人

> 自信是在自我评价上的一种积极态度,是发自内心的一种自我肯定和自我信任的健康心理状态。无论是在人际交往中,还是在工作生活中,自信都非常重要。在即兴演讲中,自信也同样重要,即兴演讲者只要把握好自信的度,便可以在演讲中展现出自我风采。

拿破仑·波拿巴是19世纪法国伟大且出色的军事家、政治家,是法兰西第一帝国的缔造者。他在位时,多次镇压内部反动势力的叛乱,沉重打击了欧洲各国的封建势力。由他颁布的《拿破仑法典》更是完善了世界法律体系,让他在欧洲历史上留下了浓墨重彩的一笔。

拿破仑的这些光辉事迹与他本人强大的自信密不可分,这一点一直受到后人的钦佩和敬仰。相传有一次,一名士兵骑马去给

即兴演讲：关键时刻不要输在表达上

拿破仑送信，由于战事紧急，士兵飞快地驾驭着战马长途奔跑，刚到拿破仑的军营，战马就因过于劳累而亡。

拿破仑让士兵稍作休息，自己写了一封回信，并把自己的战马一起交给了士兵，让他速速返回。士兵见那匹战马十分强壮，身上的装饰更是华贵，便赶紧拒绝："不，将军，我只是一个普通士兵，实在不配骑如此优秀的战马。"拿破仑拍了拍他的肩膀，说道："世界上没有任何一样东西是法兰西士兵不配享有的。"

这句话，不仅成功鼓励了士兵，还展现出拿破仑强大的自信心。他相信在他带领下的法兰西军队可以战无不胜，获得无限光明的未来，并且他还将这份信心传递给了士兵。如此一支自信自强的军队，怎么可能不获得胜利呢？

我国历史上著名的政治家、军事家、发明家、文学家诸葛亮在《出师表》中写道"恢弘志士之气，不宜妄自菲薄"，意思是说应当振奋弘扬有远大志向的人的志气，不应该随便看轻自己。这句话点明了自信的重要性。自信是对自我能力和自我价值的肯定，为我们克服困难、获得成功提供重要的精神动力，自信的人往往能够创造奇迹。

一次成功的即兴演讲，离不开自信的加持。一个人的自信反映在演讲时的动作、声音、眼神、停顿等方面，这些小细节决定了他的即兴演讲是否能给听众留下深刻的印象。听众只会信服自信的演讲者所说的话，他们能够在短暂的时间内，感受到演讲者对于自己所说的内容或观念是否值得信任、是否拥有价值。

第五章
控场，让演讲变成你的脱口秀

自信不等于自负，更不等于咄咄逼人。自信者沉着冷静，自负者浮躁张扬，而咄咄逼人恰恰是一种不自信的表现。因此，我们在即兴演讲中，要把握好自信的程度，不要呈现出不友好的态度，给听众带来不愉快的体验。

第一，多使用坚定的词语，避免使用规训的语言。

在即兴演讲中，简洁的语言和清晰的逻辑往往可以彰显演讲者的自信，让听众产生深刻的认同感。因此，在即兴演讲中，不要经常使用没有意义的语气助词或者不准确的词语，如"嗯""或许""大概""你知道吗"等词语或句子，这些词语不仅会让演讲者产生自我怀疑，也会令听众产生困惑。如果演讲偶尔衔接不顺，可以运用短暂停顿的办法，重新找回自信的感觉。

在即兴演讲中，我们一定要坚定自己的想法和观点，不能使用模棱两可的表述。例如，讲坚持，就不能说放弃也是一种选择；讲诚信，就不能谈善意的谎言；讲团结，就不能过于强调自我意志等。虽然大多数事情都有两面性，但在即兴演讲中要选择能够佐证主题的观点，在数据和案例充足的情况下，甚至可以大胆使用"的确""一定""必然"等词语，强化演讲中的观点。

需要注意的是，自信不等于咄咄逼人，更不等于站在至高点上去指责和教导听众。演讲是一个相互沟通和交流的渠道，我们要尽量避免使用贴标签、下定义式的规训语言，例如男生必须英勇无畏、女生必须贤良淑德、孩子必须听话懂事等，这种带有刻板印象的内容会引起听众的抵触。

即兴演讲：关键时刻不要输在表达上

第二，重视自我观点的表达，更要关注听众的感受。

重视自我观点的表达，要求演讲者要有清晰的主题，并围绕这个主题进行表达，不能东一榔头西一棒槌，让听众摸不到章法。既然选定了主题，就要按照自己的想法，坚定地说下去，任何人都有权利表达自己的观点，越是自信的表达，就越有说服力。

但在即兴演讲中，演讲者也不能完全不顾及听众的感受，聪明的演讲者会根据听众的反应适时调整表达方式。另外，当自己的观点与听众发生冲突时，一定不能采用激烈的言语，要快速冷静下来，寻找更为缓和的解决方法。

第三，演讲者要做到严于律己，宽以待人。

古语有言，打铁还须自身硬。为了保证即兴演讲时更加自信，演讲者还需要在平时多多积累、多多练习，善于总结，严格要求自己。演讲者对自己的严格要求，会转变成演讲时的自信，传递给听众。另外，如果演讲者在演讲中选择的积极主题，刚好是人们在日常生活中需要遵循的行为准则，那也会让演讲者更加自信，让听众更加信服。

宽以待人要求演讲者要多进行换位思考，试着站在听众的立场去揣摩听众的想法，这样才能确定在即兴演讲中哪句话可以说，哪句话不恰当，用温暖的言语替代可能对听众造成伤害的语言，这样既不会让演讲变得咄咄逼人，还能拉近演讲者与听众的心灵距离，从而获得更好的演讲效果。

英国戏剧作家萧伯纳曾经说过："有信心的人，可以化渺小为伟大，化平庸为神奇。"自信，是社交中的重要品质，它可以帮助我们清晰表达诉求和想法，也能够鼓励我们不断地努力前行。但自信不等于自傲、自负和咄咄逼人，真正自信的人并不会将自己的想法强加于他人，互相尊重、互相探讨，才能成就一场完美的即兴演讲。

第六章
终场，戛然而止让听众还想再听

1.

巧用"豹尾",甩现场有力的一鞭

> 一场成功的即兴演讲不仅开场白要足够有趣,而且结束演讲时,更要给听众们留下一个深刻的印象,这样才能让自己的立场与观点深入人心。

著名作家老舍是一个很幽默的人,在一次演讲中,一开口便直截了当地说,他今天准备给在座的各位谈六个问题。说着,便一板一眼地讲了下去,第一、第二、第三、第四、第五,慢条斯理,充满哲理。

谈完第五个问题的时候,老舍一看,原定的演讲时间就快到了,他立马提高嗓门,大声地说:"第六点,散会。"正沉醉在他演讲内容中的人猝不及防地听到这句话,全都愣在那里,老舍却淡定地收拾着讲演台上的物品。

台下的听众们面面相觑,随后纷纷大笑起来。

第六章
终场，戛然而止让听众还想再听

提起老舍，人们脑海里便不由自主地浮现出一个睿智、平实、幽默的老者形象。可见，他独特的幽默感已经深深地烙印在了听众们的心里。

中国有句老话叫："编筐编篓，重在收口；描龙画凤，难在点睛。"也就是说，即兴演讲的开场白要像"凤头"，一开口就让听众耳朵一动，眼前一亮。而再好的开场白，也要有"凤尾"来配。要想让即兴演讲完美收场，一定要用画龙点睛的方式，在终场时甩出最强有力的"一鞭子"。在即兴演讲中，这种响亮的终场被称作"豹尾"。

即兴演讲是否能够达到预期的效果，与演讲的结尾也有着极其紧密的联系。好的结尾是画龙点睛，锦上添花；坏的结尾却是一条烂鱼腥了一锅汤。经验丰富的演讲者都知道，想要让自己的演讲内容深入人心，就一定要设计一个极其漂亮的结尾，在最后5分钟达到最震撼的效果，哪怕演讲结束后，也让人回味无穷。那么，我们应该如何在演讲的结尾甩出强有力的"一鞭"呢？

第一，在开始时就埋下伏笔。

演讲者在构思演讲内容的时候，一定要照顾结尾，甚至可以在一开始的时候就埋下一个包袱，让内容合情合理地推进，并在结尾的时候营造出一个小高潮，让听众在趣味正浓的时候戛然而止。所以美国作家约翰·沃尔夫说，演讲最理想的结束时间段是在听众意犹未尽的时候，在达到高潮的时候果断刹车，这样不仅能够充分调动起听众的胃口，也可以强化听众的最佳印象。

即兴演讲： 关键时刻不要输在表达上

第二，直接选择经典结束语。

为了吸引听众们的兴趣，达到理想中的演讲效果，我们可以了解几种经典的结束语模式。

总结式结束语。在演讲结束的时候，为了深化观点，需要对通篇的演讲内容进行高度浓缩和概括。切记，这并不意味着我们必须将前篇所述内容一字不差地复述一遍，而是要在简洁的概括中将中心思想再度升华，或者加入新的元素和观点，让演讲的总结更有意义，让观众对演讲者的立场记忆更加深刻。

幽默式结束语。幽默实在是一柄无往不利的"好兵器"，如果一场即兴演讲是在热烈的掌声和欢笑中结束的，那么它无疑是圆满的，留给人们的回忆想必也会更深刻、更久远。如果演讲者能够以一种幽默的语言最大程度地给予听众愉快、欢快的感受，听众对演讲者的好感绝对会达到顶点。

故事式结束语。以一个富有哲理又充满趣味性的故事开头或结尾，会让这场即兴演讲的主题得到升华、效果达到最大化。故事性结尾往往会让听众觉得意犹未尽，如果演讲者所说的故事能够紧扣主题，又能带给听众发散性思考，那便可以让听众轻易体会到演讲中的"话外之音"和演讲者所要传达的深刻内涵。

对联、诗词式结束语。对联和诗词是我国传统文化的精华，经常可以看到演讲高手在演讲结束时，用富有激情和力量的方式朗诵对联和诗词，给在场观众带来强烈的情感冲击。正确运用这种形式可以让演讲者的即兴演讲更加出彩。

无论演讲的主体内容多么精彩，如果没有一个出色的结尾，

第六章
终场，戛然而止让听众还想再听

整场演讲也只能算是勉强合格。在即兴演讲中，结尾往往比开头和主体内容更为重要。要想让演讲深入人心，结尾的形式需要巧妙，内容要有深度，语言要充满力量。一个出色的结尾不仅能总结全篇、提升主题，还能引发观众的深思和觉醒。如果结尾既符合情境又具创意，那么它就能最大程度地激发观众的热情和激情。

2. 一个话题开头，十个话题结尾

> 从心理学的角度来说，简单、直接的演讲开头更容易迅速抓住听众的注意力和兴趣，而深刻、复杂的演讲结尾则更能够发人深省，让听众从中获益。

林语堂曾在东吴大学的法学院兼任英文老师，某学期开学的第一天，他夹着一个鼓鼓的皮包来到课堂上，同学们都以为里面装的是与课程相关的资料，没想到他走上讲台，从皮包中拿出来许多花生，分给同学们享用。

同学们有些迷茫，全都在下面望着林语堂。而林先生却从容大谈吃花生之道："吃花生必吃带壳的，一切味道与风趣，全在剥壳。剥壳愈有劲，花生米愈有味道。"说到此处，他忽然话锋一转，继续说道："花生米又叫长生果，诸君第一天上课，请吃我的长生果，祝诸君长生不老。吃了长生果，更要长性子，愿诸君不要逃学,则幸甚幸甚,三生有幸。"

学生们这才明白林语堂的真正意图。从这天之后,虽然林语堂的课上从不点名,但没有一名同学逃课、迟到。

人们常说"好的开始是成功的一半",这在即兴演讲中同样适用。一个精彩的演讲开头通常会选择简单的话题作为引子,这样做不仅避免了一开始就深入探讨复杂的议题,还能立即吸引观众的注意力。以林语堂在故事中给学生分花生为例,他巧妙地从日常小零食入手,激发了学生的好奇心和共鸣,成功地开启了演讲。

与开头同样重要的是即兴演讲的结尾。有人用"爆竹"来形容演讲的开头,而用"撞钟"来形容演讲的结尾。意在说明,开头需要引人注目,而结尾则应让人回味无穷、深思不已。林语堂先生也做到了这一点,他从花生出发,逐渐引入"长性子"的主题,层层递进,使整个话题流畅而富有深度,让他不管讲述什么大道理都变得顺理成章。这样的全面展开使学生们深受启发,从而更加积极地参与课堂活动,每天都按时按点来上课。

那么,我们又该如何让结尾的内容丰富有深意,像咀嚼干果、品尝茗茶那样回味无穷呢?

首先,可以在结尾处唤起听众的情感共鸣。

情感共鸣是赢得听众认可的关键。只有与听众有共鸣的即兴演讲,才能达到令人回味的效果。如果演讲内容与听众的实际需求或经验不符,即使表达得再出色,也难以在听众心中留下深刻印象。

即兴演讲： 关键时刻不要输在表达上

因此，在准备即兴演讲的结尾时，应从听众的共同经历、兴趣和理想等方面出发，以找到与他们的心理共鸣点。这样做不仅拉近了与听众的心理距离，还能确保演讲内容和结尾在预定范围内自然流畅，而不会显得突兀或混乱。

其次，要做引人深思的演讲结尾。

即兴演讲的核心目的不是娱乐，而是传达特定的观点或主张。因此，即使演讲的开头选择了一个简单的话题，结尾时也应该对这个话题进行深入拓展，而不是仅停留在表面。以林语堂的小故事为例，如果他仅在花生这个话题上打转，而没有进一步深化，学生们肯定会感到困惑。

一个好的即兴演讲应该在结尾处对前面的话题进行全面总结，并适当提升思想层次。此外，使用号召式或反问式的结尾也是一个有效的方法，这不仅能增强听众的参与感，还能给他们留下深刻的印象和更多的思考空间。这样，就能避免即兴演讲变得单调和乏味。

最后，可以在结尾处画龙点睛。

一个出色的演讲结尾能像画龙点睛一样，让整个演讲变得更加生动和吸引人。无论是使用名人名言、故事、成语、古诗词还是幽默笑话，这些都是为了丰富演讲的内容和深度。这些手法不仅增加了演讲的趣味性，还能清晰地传达演讲者的主旨，使听众受益匪浅。

在即兴演讲中，开头应简单明了，作为切入点；结尾则要深刻丰富，作为落脚点。掌握了这两个关键点，并配以自信和清晰

第六章
终场，戛然而止让听众还想再听

的表达，即兴演讲就已经成功了一大半，这样的即兴演讲会更容易赢得听众的支持和掌声。

3. 点到为止，结尾要恰到好处

> 心理学上有一个峰终定律，意思是说如果一件事情在高潮和结尾部分的体验都是愉悦的，那么对这件事的整体感受就是愉悦的。即兴演讲作为一种特殊的语言交流活动，其情绪表达通常是不断向上推进的，因此，恰到好处的结尾对即兴演讲来说是非常重要的。

张涛是一名年轻的创业者，他被邀请到一个创业大会上进行即兴演讲。主题是"如何在困境中找到机会"。他的演讲开始得并不理想，因为他显得有些紧张，语速过快。然而，随着演讲的进行，张涛逐渐找到了自己的节奏。他开始讲述自己创业初期面临的种种困难，以及他是如何在这些困境中找到机会的。他用生动的故事和幽默的语言吸引了听众的注意。

到了演讲的高潮部分，张涛用一个令人印象深刻的故事来点

第六章
终场，戛然而止让听众还想再听

缀：他描述了一次几乎让他放弃创业的失败经历，以及一个偶然的机会让他重新找回了信心和方向。最后，张涛用一句非常感人的话来结束他的演讲："在生活给你关上一扇门的同时，总会为你打开一扇窗。只要你愿意去寻找，机会就在那里等着你。"全场观众都站起来为他鼓掌。

尽管张涛的演讲开始并不完美，但他精彩的高潮和感人的结尾让人们忘记了开始时的不足。

成功的即兴演讲不仅需要具有感染力和说服力，还要在高潮部分调动听众的情绪和精神。高潮过后，演讲应迅速进入尾声，以保持听众的热情并留下深刻印象。在这里，一个"点到为止"的好结尾显得尤为重要。

"点到为止"意味着在讲话时，不需要深入剖析话题，而是通过简单和浅显的表述，让听众明白演讲者的意图，并自行展开想象和理解。想要在演讲结尾成功运用这种方式，与听众进行心灵互动并获得良好效果，可以从以下几方面入手。

第一，结尾要做到思想明确，语言简练。

成功的即兴演讲，通常具有鲜明的主题与内涵，结尾应明确地表达出中心思想或主题。无论演讲多么复杂，其核心观点都应简洁地表达。这个观点在整个演讲中会反复出现，而结尾是最容易被听众记住的部分。因此，使用首尾呼应和总结等在结尾处明确表达这一中心思想，是一种很好的选择。

为了维持听众的高涨情绪直至演讲结束，结尾的语言还应尽

即兴演讲：关键时刻不要输在表达上

量简练。过多的重复和啰唆会让听众感到疲倦，从而降低他们之前获得的愉悦体验，进一步影响整场演讲的效果。在结尾处，适当使用比喻、排比和对仗等修辞手法不仅能简洁明了地表达主题，还能保持演讲和听众情绪的高潮，从而在听众心中留下深刻的印象和启示。

第二，结尾要适当留白。

"留白"是中国传统绘画中的一种艺术手法，它不仅让画面更加和谐，还为观者提供了无限的想象空间，增强了作品的意境和感染力。这一手法蕴含着"月满则亏，水满则溢"的哲学智慧，同样适用于即兴演讲。

通过在演讲结尾处"点到为止"，避免过多的解释和阐述，可以为听众留下更多的思考和想象空间。这样做不仅为演讲者和听众提供了一个舒适的互动空间，还能有效提升演讲的整体效果。

第三，结尾切忌说教，要对听众有所启发。

一名成功的演讲者，不会在演讲中反复纠缠一件小事，更不会像学生时代一样，把每道题目的详细步骤都写在纸上。相比较而言，演讲者更像是站在马路旁的指路人，他会为迷茫的人指明方向，但并不会告诉对方在这条路上是应该快行还是慢走，是要多看花还是多看树，因为这些都是旅途上的人自己应该做出的选择。

因此，在演讲结尾时，演讲者尽量不要阐述新知识、新想法，也不要重新深入进行说教，这样既显得言语絮叨，无法将观点阐述清楚，又会破坏前面的氛围，让听众的体验感迅速下降。使用反问句或号召句等结尾方式不仅能有效总结前面的观点，还能激

第六章
终场，戛然而止让听众还想再听

发听众进一步思考，是"点到为止"策略的良好应用。

即兴演讲的成功很大程度上取决于其结尾。一个精准、恰到好处的结尾不仅能给听众留下广阔的思考空间，还能引发他们的深入思考和感悟，从而达到出色的演讲效果。合适的结束方式和时机，显示了演讲者的高超技巧和深厚功底。

4.

适当透露秘密，让终场变成高潮

> 透露秘密是心理学上的一个小妙招，它的用意是激发听众的好奇心。窥秘心理是由人类本身的求知欲决定的，在即兴演讲的结尾处巧妙透露某些无关紧要的秘密，不仅能够满足听众的窥秘心理，还能让听众对演讲者产生信任与好感。

年会开始前，领导让各个部长都进行一个小演讲。轮到人力资源部部长苏西时，她客气了两句后，便大方地站了起来，对本部门一年的工作进行了一个简单的总结式演讲。

演讲接近尾声时，苏西突然话头一转，神秘地对大家说道："各位同仁知道吗，我其实是个特别容易'空耳'的人。有一次，我儿子说要去看'尼斯湖水怪'，我听成了要'尼师傅水罐'，结果打听了好久都没买到这个牌子的水罐。"

众人听到平日严厉的苏部长竟然还有这么可爱的一面，都不

第六章
终场，戛然而止让听众还想再听

由得笑了起来。苏西稍微停顿了一下，继续说道："所以，在工作中我总会再三跟大家确认进度，一方面是保证工作顺利完成、顺利交接，另一方面也是怕我的'空耳'影响到大家。好了，我的演讲就是这些，感谢领导的信任，也感谢各位同仁的配合，希望我们共同努力，让业绩更上一层楼。"

苏西演讲完毕，大家立马爆发出热烈的掌声，年会也在一片热闹的氛围下开始了。

好奇心、窥探欲、秘密……这些充满神秘色彩的词语，让一些人对它们嗤之以鼻，却让更多人对它们趋之若鹜。苏联教育学家苏霍姆林斯基说："人的内心有一种根深蒂固的需要，总是感觉自己是发现者、研究者、探寻者。在儿童的精神世界中，这种需求特别强烈。但如果不给这种需求提供养料，即不积极接触事实和现象，缺乏认识的乐趣，这种需求就会逐渐消失，求知兴趣也与之一道熄灭。"

瞧，好奇心和窥探欲是人类与生俱来的特质。一旦人们发现自己是发现者、研究者、探寻者，他们就会对好奇的事物投注感情和热情。投注这种情感的时候，人们是极易被感染、被说服的。用在即兴演讲上，利用"兜售"隐私的机会，赢取对方这段容易被打动的时段，就能帮助我们更快达到目的。

故事中苏西"兜售"了自己空耳的隐私——这原本就是无伤大雅的小秘密。但对下属员工来说，"窥破"严厉上司这个有些迷糊的小缺陷，会让他们觉得自己一下子拉近了与上司的距离，

即兴演讲：关键时刻不要输在表达上

从而更愿意与上司亲近。而这也正是演讲者苏西的目的。

那么，在即兴演讲时，大家要如何适当透露秘密，让终场变成高潮呢？

第一，别担心，即兴演讲也能做好准备。

很多人觉得，即兴演讲是一个无法提前准备的活动，但其实不然。每一次即兴演讲虽然都是心血来潮，但每一次即兴演讲也都有迹可循。比如职场即兴演讲，通常会出现在工作会议、团建活动和年会活动上。作为中层甚至高层领导，被点名要求即兴演讲的可能性是存在的。所以，我们在参加会议和活动之前，可以先做一个简单的复盘，这样才能做到有备无患。

第二，想清楚，即兴演讲的目的是什么。

即便是即兴演讲，也是有目的性与功能性的。苏西为了拉近与下属的关系，在结尾适当放出了"空耳"的小秘密，不但炒热了气氛，也达到了自己的目的。我们也是一样，只要搞清楚即兴演讲的目的，然后有的放矢即可。

隐私并不一定都要紧紧捂着，在合适的时候，巧妙地透露出一些无关紧要的隐私，相当于在紧闭的内心世界里悄悄打开了一扇窗户，满足了他人窥探欲的同时，也让对方对你生出信任和好感。

第三，快速选择想要分享的小秘密。

我们已经知道，在即兴演讲的结尾部分，以一种合理的方式向听众泄露自己的某些隐私，会取得让人意想不到的效果。但是，我们要如何快速选择想要分享的小秘密呢？

第六章
终场，戛然而止让听众还想再听

其实，这种小秘密是很容易快速选择的。在即兴演讲即将结束的时候，我们都会联想到一些自己想传达的东西。不妨设想一个场景：在一个酒会上，人们起哄让你上台做一个即兴演讲。你是一个很怕生的人，而此时你演讲的目的就顺理成章地变成"避免下次再被推到舞台上"。基于这种思维，你就可以在演讲的结尾处提一提自己曾经闹出的小笑话，让大家在理解与满足中"放你一马"。

心理研究表明，每一个人都有自己的生活空间和心理空间，每一个人也都有深藏自己内心的秘密。与此同时，几乎每个人都有着天生的好奇心，会对别人的生活、情感状态、心理感受产生某种迫切的窥探欲望。这是人性的一部分，也是每一个即兴演讲者需要抓住的关键点。

即兴演讲时，透露一些无伤大雅、无关紧要的隐私，在激起对方同理心的同时，让对方对我们产生信任和好感，这实在是即兴演讲中的绝妙技巧。当然了，透露秘密的度一定要把握好。一定要清楚，哪些隐私可以说，哪些隐私不能说，只有这样，才能让我们的即兴演讲无后顾之忧。

5. 不要画句号：结束不是终点而是起点

> 《汉书·礼乐志》中记载："精健日月，星辰度理，阴阳五行，周而复始。"意思是说世间万物都按照一定循环往复的规则，来回运转，任何事情的结束都标志着另一件事情的开始。即兴演讲也该如此，不要在结尾画上句号，反而能让演讲变得更加圆满。

华罗庚从小就很爱动脑筋，总是能在数学课上提出一些意想不到的解题方法和解题思路，受到了老师和同学们的一致信任与钦佩。进入初中后，他的数学才能进一步被老师发现，并成为重点培养对象。初中毕业后，他本该进入上海中华职业学校继续深造和学习，却因为拿不出学费而不得不选择中途退学，回家帮助父亲料理杂货铺。

对华罗庚来说，退学并不意味着他学习生涯的正式结束，反

第六章
终场，戛然而止让听众还想再听

而标志着他研究生涯的正式开始。此后，他仅仅用了五年时间，就将高中和大学低年级的课程全部自学完毕，并在《科学》杂志上发表了自己的第一篇学术论文。这篇论文刚好被清华大学数学系主任看到，与学校商议之后，他聘请华罗庚到清华大学工作，至此开启了华罗庚硕果累累的传奇研究生涯。

"燕子去了，有再来的时候；杨柳枯了，有再青的时候；桃花谢了，有再开的时候。但是，聪明的你告诉我，我们的日子为什么一去不复返呢？"这段优美的文字，出自我国著名作家朱自清的散文《匆匆》。从这几句话中，我们可以深刻感受到自然界的万物，都处在一场周而复始的奇妙轮回中，燕子离巢、柳树枯萎以及桃花凋落，是一场结束，但同时也开始为下一次归来和绽放积蓄力量，过去的日子虽然一去不复返，却也是接下来生活的一个新起点。

即兴演讲中也蕴含着这样的道理。不在演讲的结尾画上一个句号，将这个话题彻底尘封，而是好好利用演讲结尾，引起听众的共鸣和思考，为听众以后的行为或者处事方式提供一些帮助和参考。从此刻开始，演讲者和听众都能从中获益，并变成更优秀的人，这才是演讲的真正意义所在。

方法一：号召式结尾。

在日常的网络浏览和直播购物中，我们常见到销售人员使用"买它买它"或"数量有限，快去下单"等号召性语言。这种号召方式也可以运用到即兴演讲的结尾，例如，"让我们开始阅读

即兴演讲： 关键时刻不要输在表达上

吧"或"从身边的小事做起,养成良好习惯吧"。这种号召式结尾能对特定的听众群体产生行为或思想上的引导。

虽然演讲结束了,但其内容会在一段时间内继续影响听众,可能促使他们养成好习惯或更加勤奋。然而,这种号召式结尾通常更适用于同辈或同级别之间的相互鼓励,以及长辈对小辈或领导对下属的期望。在下级对上级或小辈对长辈的演讲中,这种结尾方式通常不会被采用。当使用号召式结尾时,还应注意语言的婉转和具体性,避免过于空泛的表达,以增加其实用性和影响力。

方法二：启发式结尾。

在即兴演讲的结尾处,点明前面所讲内容的主旨、延伸故事内容、重申演讲意义等方法,都属于启发式结尾。启发式结尾通常是耐人寻味的,可以让听众从演讲中收获一些心得或者体会。例如我们平常所知道的成语故事,都会在结尾点出里面所蕴含的深层含义,守株待兔是告诉大家没有不劳而获,买椟还珠是告诉大家不能本末倒置,拔苗助长是告诉大家要遵循自然规则……类似于这种点明主旨的方式,就是可以运用到即兴演讲中的启发式结尾。

启发式结尾,是对演讲内容进行一定的总结和揭露,将其中所提到的道理或启示在最后点明,引起听众的深入思考。演讲虽然结束了,但其中包含的深意却能够在未来对听众产生一定的积极影响。使用这种启发式演讲结尾,要特别注意避免说教,不能把全部内涵都细致地讲出来,最好做到点到为止、回味无穷。

方法三：激发兴趣，制造话题。

在演讲的结尾，我们还可以通过激发听众兴趣，制造话题的方式，让听众参与其中，继而引发接下来的讨论和思考。这样的结尾，需要根据听众群体和兴趣等方面的不同，有针对性地进行选择，起到"抛砖引玉"的作用。如此一来，虽然演讲结束了，但却可以让听众借助自己的演讲内容继续去交流和沟通，从而掀起新的讨论热潮。这种即兴演讲的结尾方式在同学、亲戚、朋友等小范围聚会中非常适用，往往可以收获更加和谐、热情的社交氛围。

在日常生活中，很少存在真正意义上的终点，实际上每个终点都是一个新的开始。即兴演讲也是这样，演讲的结尾不应该画上句号，而是应该让它对接下来的交流或者以后的行为和思想产生一定的触动和影响。同时，当我们完成一段演讲后，也不要给自己画上句号，而是应该从这里出发，总结经验，为下一次更好的表现而努力！

第七章

生活中,处处是即兴演讲

1.

三十秒法则：闲聊时抓住最佳演讲时机

> 三十秒法则，又称电梯法则，意思是在最短的时间内把自己的想法、见解和意图表达清楚。这样不仅能够给别人留下深刻的印象，还能收到意想不到、事半功倍的效果。

麦肯锡咨询公司是由美国芝加哥大学的商学院教授詹姆斯·麦肯锡创立的全球领先管理咨询公司，成立至今已有近百年的历史。但就是这样一个优秀的公司，也曾经因为项目负责人没有掌握优秀的演讲技巧，而得到了沉痛的教训。

有一次，麦肯锡的项目负责人在电梯中遇到了一位重要的大客户，这位董事长因急事正要赶去飞机场，他能给麦肯锡的时间只有电梯到达一层前的短短几十秒，根本无法聆听对方详细完整的项目报告，于是他对项目负责人说："你能不能简单说一下结果？"

而这位麦肯锡的项目负责人虽然对项目十分熟悉，却因为没

第七章
生活中，处处是即兴演讲

有厘清想要表达的观点，没能按照大客户董事长的要求，用简单、准确的语言将项目结果说出来，最终导致麦肯锡失去了这名重要客户。

这件事对麦肯锡咨询公司的影响很大。从此以后，麦肯锡吸取教训，要求员工凡事都必须进行归纳总结，谈话务必在短时间内直奔主题和结果，高效且简单地把观点和结果清楚表达。

这就是至今仍在商界广为流传的三十秒电梯演讲，麦肯锡公司也因此获得了更多客户和订单。

三十秒的时间是短暂的，不够吃一顿饭、读一本书、看一场电影，同时三十秒的时间又是充足的，足够我们完成一次简单的支付、观看一条短视频或者与朋友进行一次简单的交谈。现今社会，生活节奏越来越快，三十秒的时间也显得愈加珍贵，需要我们认真去面对。

此刻，如果给你三十秒的时间，你会与身边的人聊些什么呢？是简单地说声"您好，很高兴见到您"，然后两人相互微笑、沉默以对，还是将目光放在身边事物上，讨论今天的天气是否晴朗、树丛中的花朵多么娇艳？或是简单分享中午要去吃的午餐、昨天观看电影的评价以及此时此刻的心情？

毫无疑问，最后一种聊天方式是最好的选择。在三十秒内，这样不仅能够清楚表达观点和见解，还能让对方对自己产生初步的了解，更不会在如此短暂的时间内出现冷场。如果运气够好，我们还可能因为这场简单的对话而增加一个志趣相投的好朋友，

即兴演讲：关键时刻不要输在表达上

将这场本来短暂的对话进行下去，约一场午饭或者下午茶，从而获得快乐的社交时光。

三十秒，只能是一次极为简短的闲聊，但我们却能从闲聊中，看出一个人的语言表达能力、逻辑思维能力和归纳总结能力。而想要完成一次成功的闲聊式即兴演讲，我们还需要做到以下两方面的要求。

一方面，要确保表达的观点简洁。

在麦肯锡咨询公司遭遇客户流失后，麦肯锡要求员工将所有事情归纳到三个观点内进行表达。一般情况下，人们在匆忙的对话中，并不能记住全部的观点和内容，所以表达的观点简单、明确，在即兴演讲中极为重要。

充斥在我们生活中的广告，通常都非常简短，而其中所营销的重点内容却格外清晰。例如，我们耳熟能详的某巧克力品牌，它拥有着丝滑巧克力夹心，添加了真实的坚果果仁，口感咸甜兼具，较为丰富。但它在广告中却没有阐述品牌的发展历史、创造理念、添加这些成分的原因等复杂观点和内容，而是只选取了产品功能这样浅显且单一的观点进行表达。这是一款热量型巧克力，能够在人们饥饿或者困乏的时候，为其补充能量。短短的几十秒话语中，广告清晰传达出这一观点，为观众留下了极为深刻的印象。

即兴演讲也是如此。我们不能在演讲过程中长篇大论地表达自己的全部想法，这样会直接导致我们无法将任何一个观点表达清楚。一个简单的观点并不会让即兴演讲变得无聊，反而可以让我们拥有更多的时间来论证和阐述这个观点，以获得更多的认可与理解。

另一方面，要确保表达的观点明确。

相信大家在刷短视频的时候，都刷到过这类"新闻"，它们在视频的最初几秒，会在中心位置用加大加粗的黄色或者红色字体概括内容，与底面的黑色形成鲜明对比。这类所谓的"新闻"通常是一些搞笑段子、娱乐消息或者家长里短，明明是一些无关紧要的事情，却总能吸引用户看下去。

这类"彩色新闻"能快速流行起来，主要原因之一便是它异常显眼的撞色标题，让人能够在众多视频中一眼看到它。这对于我们的即兴演讲也有一定的启示，那就是我们所表达的观点一定要明确。

哪怕是仅仅三十秒的时间，只要观点明确，也能够清晰表达出自己的意思。很多人在谈话中时常会因为胆怯或者犹豫给出一些含糊不清或者似是而非的观点，这在即兴演讲中是非常不可取的。如此一来，不仅会让听众不明白演讲者在说什么，还会影响演讲者自身的形象和立场，所以一定要精练准确地提出核心观点，才能进行一场有效演讲。

在生活中，处处都可以用到三十秒法则。无论是跟朋友之间的沟通交流，还是与领导的汇报阐述，都可以视作一场简单的即兴演讲。把握住这些机会，并且勤加思考与练习，一定能够让我们的表达更加清晰流利，自信心也随之得以提高。

2. 婚宴演讲：说些令人印象深刻的场面话

> 在某些特定场合，针对某些特点人群，我们必须说一些得体且客套的话语，这就是我们时常提到的场面话。这些场面话很少触及严谨的观点与想法，却是社交中不可避免的一种演讲、交流方式。

这天是老王儿子的婚礼，在热闹、喜庆的氛围中，老王在中心舞台边缘焦急地徘徊着，手中的纸条被捏得皱皱巴巴，他这才终于把上面的文字熟练背诵了下来，胸有成竹地在宾客的欢呼声中登上舞台。

父亲致辞是婚礼的重要流程之一，平常不善言谈的老王接过话筒，骄傲喜悦的声音很快传遍了整间宴会厅："今天，是我儿子与儿媳举办婚礼的大喜日子，首先，请允许我代表全家人，对各位百忙之中的大驾光临表达由衷的欢迎与感谢。

第七章
生活中，处处是即兴演讲

"作为父亲，我亲眼见证了两位新人的爱情故事。两人的相遇是上天赐予的缘分，你们携手走过懵懂的青葱岁月，走过灿烂的花样年华，如今又走进了婚姻的殿堂，长辈们真心为你们感到高兴与自豪。这里是你们婚姻生活的起点，从此以后你们便有了丈夫、妻子、女婿、儿媳的新身份，相信你们一定能够相互体贴、相互包容，携手共同建设幸福家园！

"最后，祝福两位新人百年好合、幸福美满，也恭祝各位来宾生活愉快、心想事成！"

短短的一段话，让宾客对内向的老王刮目相看，热烈的掌声经久不衰，妻子也在台下对他竖起了大拇指。

人类是社会性的高等动物，只要进入社会与人相交，就少不了请客、赴宴、会议、活动等各种各样的应酬。在这些特定场合中，往往出席的人员众多，社交活动也最为密集，也时常会有在许多人面前发表即兴演讲的机会，说些场面话。场面话说得好，宾主尽欢，而场面话说得不好，则会十分尴尬，甚至还有可能与人反目成仇。

场面话是我们日常交际中极为常见的一种情况，例如，称赞朋友衣着靓丽、称赞孩子聪明可爱、称赞老板英明果敢等说辞，都属于某种意义上的场面话。既然场面话是在某个特定场景下说的，通常情况下发言者并不会选择在这时表达最为真实的内心想法，而场面话的听众也不会太过认真，最终达到大家都高兴，交际活动顺利进行的目的。

即兴演讲：关键时刻不要输在表达上

那么，我们又该如何说好让大家都满意的场面话呢？

首先，要表达感谢。

场面话一般发生在多人社交场合，存在邀请方与被邀请方。面对这种类型的即兴演讲，我们一般会在最开始表达感谢，这也是非常重要的一点。

作为宴会的发起者，我们通常会说"感谢各位的光临"，作为被邀请的宾客，我们通常会对组织者说"感谢组织与邀请"。感谢要依据场合而定，例如，在婚礼和寿宴上，要感谢宾客百忙之中的到访；被邀请参加家庭聚会，要感谢主人的盛情款待；参加酒会或者会议时，要感谢主办方的周到和辛苦；参加谢师宴或者毕业会时，要感谢老师的辛勤栽培或者同学们的友爱帮助……

感谢的话说在前面，是一种得体的表达，能够快速拉近与大家的关系，为后面所说的话做好铺垫。

其次，回顾与表达。

感谢的话语说完了，接下来，便是这段即兴演讲的主要部分，做出一些事件描述或者情绪表达。

对于过往经历的回顾，是唤起大家共鸣的重要手段和途径。例如，在婚礼致辞中，讲述两位新人的爱情故事；在朋友聚会上，回忆与朋友的相处细节；在公司年会上，提起大家曾经攻克的难关；在同学会上，一起追忆欢乐时光，等等。而表达，则是述说自己此刻的情感和体会。在婚礼上，可以说自己为新人而感动和高兴；在聚会上，可以说自己结识友人的欣喜与荣幸；在年会上，可以说对公司的忠诚和自豪；在寿宴或者谢师宴上，可以说对师长的尊敬与爱戴……

在场面话的即兴演讲中,我们一般会选取积极、正面的事情和情绪作为讲述内容,这样不仅会收到其他人积极的反馈,也会让自己更加轻松和快乐,维持场面上的热度。

最后,传递祝福。

在场面话的最后,我们一般都会采用祝福的方式,将这段即兴演讲和现场气氛推上高潮。中国语言文化博大精深,四字成语是我们经常采用的祝福语。婚礼上,我们祝福新人百年好合、早生贵子;寿宴上,我们祝福寿星福如东海、寿比南山;新春佳节,我们祝福大家心想事成、万事如意;年会上,祝福公司蒸蒸日上;同学会上,祝福同学前程似锦、祝福老师桃李满园等,这些都可以作为场面话的结束语,通常会收到热烈的掌声和回应。

场面话,是我们在生活中一定会遇到的即兴演讲。一些内向的人,面对这种情况,很容易表现出推辞或者为难的神情,但如此一来,不仅最终难以逃脱公开发言的命运,还有可能给组织者或宾客留下不好的印象。与其这样,不如在下次需要说些场面话的情境中大胆站起来,发表一段得体又惊艳的演讲,让所有人都刮目相看!

3.

小众演讲：善说往事，能谈未来

> 小众是指对被少数人接受的事情和爱好有兴趣的人，面对少数人进行即兴演讲的时候，更需要注意谈话和演讲的内容能否被倾听对象所接受。

从毕业起，小张便在一家报社担任记者，虽然他参加工作的时间不算长，却是团队的核心人物，每次遇到困难的采访，大家总喜欢向他寻求帮助。

这天，同事再次愁容满面地敲响了小张的门。同事今天负责采访的是一位成功人士，以往类似的采访他都会查阅大量相关资料，做充足的准备工作，可是，每到真正采访时他却总是找不到话题的突破口，谈话时无法深入交流，无论聊什么都是在"尬聊"，自然也写不出含金量高的文章。

小张了然地笑了笑，毫不吝啬地把自己的经验分享给同事："回

第七章
生活中，处处是即兴演讲

忆往事，是对成功人士最好的恭维。他们的成功往往经历了辛勤的付出和积累，是一段极为难忘的经历，回忆这段时光，很容易打开对方的内心世界，拉近彼此的距离，更加轻易地获得需要的采访素材。"

同事听完他的话，连连点头，并且将"忆往事"运用到今天的采访中，效果确实比之前要好了很多，终于写出了一篇内容充实、有趣的采访稿。

小众演讲，是我们生活中经常会遇到的情况。小到两三个人，多到十几个人，这些人的目光随时随地都可能集中到自己的身上，准备聆听一场独特的观点或者见解。这种时候，我们基本没有时间准备，只能即刻开始，进行一场简短演讲。

不同于范围较大、观众较多的正式演讲，小众演讲往往是发生在朋友之间、聚会之中、集体内部等场合，这些时候，聆听对象之间的关系和所处情况没有正式演讲那么多种多样，因此，即兴演讲的内容就变得格外重要。这时我们最好选择身边人都愿意接受和谈及的话题，这样才能获得更好的反馈和效果。

选好小众演讲的话题，演讲就已经成功了一半，那我们又该如何选择演讲话题呢？

首先，成功的人说往事。

事实证明，上例中记者小张所说的方法是正确的，成功人士确实更愿意提及自己的往事。过去那些苦难或者艰辛的回忆，并不是成功人士心中不能言说的伤痛，反而成为刻在他们记忆里的

即兴演讲：关键时刻不要输在表达上

勋章。在讲述往事的过程中，他们可以重新定义这些故事，可以获得自信，也可以从中获得更多的感悟与体会。因此，他们不仅不排斥这个话题，这个话题还能迅速吸引他们的注意力，获得深入交谈的机会。

这一方法又可以分成两方面：一方面是面对成功人士发表即兴演讲的时候，可以用往事作为话题拉近彼此的距离，打开对方的内心世界；另一方面，如果自己是成功人士，则可以通过讲述自己过往的经历，让即兴演讲的内容更加丰富，这些往事会让听众更加信服，也会对听众起到鼓舞和激励作用，收获不错的演讲效果。

其次，失意的人谈未来。

有人成功，也有人失意。当我们面对失意的人进行即兴演讲时，就不能再谈往事。往事所勾起的回忆和共鸣，只会让失意的人更加踟蹰和迷茫，而对于他们最好的鼓励就是畅谈对未来的美好构想。谈未来，我们可以谈论未来的行事风格，比如经历失败，未来会保持细心、耐心和恒心；吸取教训，未来会采用更好的处理方法；反思错误，未来会规避更多风险等，从而激励听众继续努力。人生波澜起伏本是常态，一时的失意并不是最终的结局，这个时候，我们可以用语言带领听众展开想象，通过对未来美好生活的描述与憧憬，激发听众的信心和干劲，重新投入事业中。

与谈成功一样，失意的人谈未来同样涉及两方面。一方面，面对失意人士发表即兴演讲时，可以选择谈论未来的事情来激发听众的正面情绪，收到积极的互动和反馈。另一方面，当自己正处于低谷时，也不用因此而不敢出声，这个时候可以谈谈自己对于未来的规划和目标，也许在演讲之后，就会收到很有建设性的意见或帮助，说不定这就是人生的转折点。

小众即兴演讲，与正式场合的演讲存在许多不同，它没有事先想好的复杂议题，更没有时间去准备、打磨和背诵，所以，这种类型的演讲选对话题很重要。除了成功的人说往事，失意的人说未来之外，还有很多针对不同群体的适宜话题，需要我们用心去发现与思考。

4. 领导演讲：空话细说让员工心悦诚服

> 领导讲话，是在企事业单位中经常会遇到的一种情形。一场优秀的领导演讲，不仅会给员工留下深刻的印象，收获员工的认可与爱戴，还能够有效增强团队凝聚力，取得更好的业绩。

小洲是一名刚刚步入社会的职场新人，在单位工作的这段时间，他一直处于学习和帮忙的状态中，很少有独立完成任务的机会，总觉得自己一身才能没有机会施展。

这天，领导终于交给他一项独立完成的重要工作任务——为自己下午的会议写一篇演讲稿。小洲听后浑身充满了干劲，立刻回到座位上，洋洋洒洒写了一千多字，运用了比喻、排比等多种修辞手法，文采十足。

然而，在下午的会议上，领导只是扫了一眼演讲稿，就把它

第七章
生活中，处处是即兴演讲

重新放回了口袋中。他没有念发言稿，而是自信且流利地完成了一场即兴演讲，言语简练，重点突出，收获了与会人员的掌声与认可。

会后，领导将自己之前写过的演讲稿发给小洲阅读学习，小洲从中深刻认识到自己的青涩与不足，在日后的工作中更加虚心和踏实了。

作为企事业单位的负责人或者带头人，领导干部不得不经常出席一些重要的公共场合，也不得不发表一些公开的即兴演讲。领导所做的演讲，既可以表现出个人的能力才华和领导水平，又可以表现出所在公司和部门的形象与风采，同时还代表着企业或者部门的立场和态度。因此，这类演讲内容必须更加严谨和精练。

许多人认为，领导的即兴演讲全部都是在说空话。这主要是因为即便是即兴讲话，领导也不能信口胡说，他始终代表着一个团体和机构的立场，大多只能选择完善和正确的既定观点进行表述与总结。再加上领导讲话时通常面对着一群人，而不是某些个体，因此需要从整体入手，站在一定高度上完成演讲，无法对某个人或者某件小事进行分析讨论。这样一来，领导的演讲内容听起来便不会跟所有听众都产生紧密的联系，从而让人产生一种在说空话的感觉。

当然，并不是每位领导都能够熟练掌握即兴演讲的方式方法，对于想要引起员工更多共鸣和反馈的"新手领导"，不妨试试"空话细说"的演讲方式。所谓空话细说，就是尽量将要表达的客观

即兴演讲：关键时刻不要输在表达上

内容详细化，从细微之处入手，为演讲适当增加真实感与趣味性。可以从以下几方面尝试和练习。

第一，简洁精练，突出重点。

领导在发表即兴演讲之前，最重要的一点，就是要明确这次讲话的目的，例如，是为了什么问题而讲，想让员工如何改善和解决，针对这件事情还有什么要求等。这些重点问题，要在谈话中明确突出，不要对其进行模糊处理，也不要顾左右而言他，一些优美的辞藻和无关的铺垫都可以适当省去，让重点放在中心思想上。

如此，不仅可以树立领导权威、果敢、干练的形象，还能够将想要表达的重点事情讲述得细致、清楚，让整个演讲围绕着一个中心主旨进行，不至于显得零散和虚浮。

第二，使用"黄金三点法"。

"黄金三点法"也称为"一二三法则"，是指我们在围绕任何事情发表演讲时，都可以将内容细分成三个方面。这样不仅能够帮助我们快速厘清自己的思路和见解，还能够清晰明确地表明自己的态度。

在领导的即兴演讲中，我们同样可以采用这种方式，例如抓住"过去、现在、未来""感谢、回顾、希望""认识、做法、思考"等关键词来表达，可以使演讲内容在清晰、有条理的情况下变得更加充实和具体。哪怕是没有特别针对性的"空话"，也能够让员工准确理解和体会其中的含义，从中得到一定的警示和启发。

第三，平常多积累，多观察。

在工作中，领导主要负责一些统筹安排和协调工作，他们或许可以不从事简单的实操工作，但绝对不能完全脱离部门员工和部门工作。因此，领导在日常工作中要多观察、多积累，细心发现工作中的优点和问题，以及员工的心理状态和情绪状况，这样才能在演讲过程中有话可说，说的是本部门的切实相关问题。这样，员工才能感受到所说内容与自己息息相关，并能从中获益。

另外，领导干部还要多加学习，积累和提高自己的学识，如此才能在短暂的即兴发挥中，找到最适合的词汇和表达。一方面，领导干部可以从当地生活中常用的方言、俚语、歇后语和民风中取材，适当地使用这些词能够为演讲增添趣味性，拉近与员工的距离；另一方面，领导干部也可以多阅读一些文学作品和文献典籍，丰富自己的知识，并从中学习一些优秀的思想和词句运用到即兴演讲中，也会使演讲更有底蕴和文学性。

在工作中，领导演讲承载着重要意义。一场好的领导演讲，不仅可以真正解决工作中遇到的问题，还可以拉近领导与员工之间的距离。那么，一定不要让领导演讲成为没有任何实际意义的空话，我们需要将这些概括性、标杆性的话语做细节化、精致化处理，这样才能够让员工听得进去、听得明白、做得到位，让员工心悦诚服地认可领导、遵从领导、爱戴领导，从而更快、更好地完成工作。

5. 职场演讲：临场发挥其实很简单

> 职场作为一个特殊的场合，有着特定的相处模式和相处对象。每场简单的职场演讲，都是一个表现自我、展现能力的机会，处理得当不仅会收获领导和同事的认可，还可能获得升职加薪的机会。

小敏毕业后顺利入职一家新公司，经过一个月的短暂接触后，公司组织了一场别开生面的入职仪式。仪式接近尾声，主持人突发奇想，决定随机抽取一名新员工上台讲话，坐在中间位置的小敏被选中。

身边的同事纷纷向小敏投来同情和鼓励的目光，她从容地站起身，在走上舞台的时间里已经打好了腹稿："大家好，我是来自公司人力部的小敏，很高兴能与各位优秀的伙伴在这个温暖的大家庭里相遇。首先，我要感谢公司选择了我，让我成为公司中的

第七章
生活中，处处是即兴演讲

一员，也要感谢部门的领导和同事们的帮助，让我迅速熟悉了环境和工作。在这短短一个月的相处中，我深刻学习、体会到了严谨认真的工作态度，友好团结的相处氛围，以及蓬勃向上的企业活力。在未来的工作中，我一定会虚心学习、努力工作，不断完善自己，为公司添砖加瓦，贡献自己的力量。谢谢大家！"

小敏话音刚落，台下便传来了雷鸣般的掌声，这次演讲不仅让台下的同事都认识了她，也让她在领导心目中留下了深刻的印象，还提高了小敏的自信心和工作热情，很快她便成长为能够独当一面的优秀员工。

职场，是我们生活中不可避免的一个场合。有人曾说"职场如战场"，这个说法虽然存在夸张的成分，但确实可以看出职场的严酷和压力。在职场的冲锋中，不允许我们有一丝一毫懈怠和放松，每一个工作任务、每一次表现机会，我们都应该学习士兵出征时的态度，严谨认真地对待。

在职场中，经常会出现需要我们进行简短即兴演讲的情况，许多人在这种时刻都会表现出极强的抗拒性，即便无法逃避，起身后也是极为简单地支吾两句，再匆匆逃离。殊不知，职场演讲本是领导给予的难得机会，好好表现将会收获意想不到的效果和惊喜。

士兵从来不打没有准备的仗，那么在职场即兴演讲中，我们也可以提前学习和练习，以确保临场发挥时更加稳定和优秀。

即兴演讲：关键时刻不要输在表达上

工作会议时，领导让你补充发言如何说？

会议是我们职业生涯中不可避免的一部分，大大小小的会议几乎每天都在发生。补充发言机会，也是一次即兴演讲的机会，在这种情况下，我们一定要抓住机会，从容面对。首先，我们可以对领导和同事们之前提出的观点表示认可和赞美；其次，除了观点补充，我们还可以描述自己对于领导要求的落实方式，或者对同事工作的配合和支持；最后，进行简单的谦虚总结。

例如，"我非常认可领导和同事们刚才所说的建议，这启发了我。我认为在接下来的工作中，我们还应该注意工作的方式和方法，尽量高效完成任务。对于领导刚才所说的问题，我们则可以在日后的工作中多加沟通和交流。这些就是我针对今天会议的一些简单想法，还需要领导和同事们的批评指正。"

同事们意见发生分歧，让你发表观点时该如何说？

对于同一件事情，不同的人提出不同的观点，是一件非常正常的事情，而每个观点也一定都存在着优点和不足。当遇到同事观点发生分歧，需要我们发表看法时，我们一定不能激化同事间的矛盾，要选择折中的方式来劝说。

首先，我们要肯定双方的想法，挖掘和发现他们观点中的优点并表达出来，如此一来，不仅能够有效安抚同事稍显激动的情绪，也能让他们互相看到对方想法的闪光点。其次，我们可以选择折中的处理方案，将同事的意见相结合，在双方都不伤害的情况下，提出一种新的想法。最后，如果两种意见实在无法调和，也可以鼓励和支持两名同事按照自己的想法施行，结果将会给他们最好的答案。

工作中，需要你对一件事阐述汇报时，该如何表达？

日常中的工作汇报，也可以看成是一场即兴演讲，而这场即兴演讲的对象通常都是领导，这个时候就需要我们更加全面、严谨和从容。向领导进行的工作汇报或问题阐述，我们可以从以下几方面入手。

首先，是对于这件事情背景的阐述，我们需要在这里将事情的来龙去脉描述清楚，确保领导了解大致的情况和过程。其次，我们需要说明这项工作和事件中出现的冲突和问题，例如导致业绩下降、工作复杂繁重、客户难以沟通等情况，切记不要自己隐瞒和承担下全部的困难。最后，我们需要发表对于这件事情的看法和解决方案，这部分是演讲的重中之重，也是工作能力的集中体现。

获得工作荣誉时，该如何上台讲两句？

当我们在工作中取得成绩的时候，通常都会得到领导的口头表扬或者荣誉称号，甚至还有可能收到一定的物质奖励。在这种情况下，时常需要我们发表自己获得荣誉时的感想，这时我们可以采用感谢、感想和谦虚表态的发言模式，出色地完成这次即兴演讲。

例如，"今天能够站在这里，首先，我要感谢公司领导的栽培和同事们的帮助，这个荣誉与你们对我的支持和鼓励密不可分。回想过去的一年，我感触良多，深刻体会到了困难是弹簧的道理，当工作懈怠、消极面对的时候，它就是行进路上的绊脚石；当积

即兴演讲： 关键时刻不要输在表达上

极面对、拼搏努力的时候，它就是我们向上攀登的垫脚石。没有什么困难不能被克服，就像春天和黎明一定都会来临！虽然这次我获得了荣誉，但我深知，我身上的不足和缺点还有很多，在往后的日子里，我一定会继续虚心学习、勤奋工作，争取攀登更高的山峰！"

在工作中发表职场演讲，是展现个人形象和工作能力的重要手段，经过对上面几种情况的学习，你对职场演讲是否有了深入的体会和理解呢？相信只要多多思考并勤加练习，我们一定能够成为一名不惧即兴演讲、发言信手拈来的口才达人。

6. 面试演讲：巧妙吸引面试官

> 一个人给其他人留下的第一印象，虽然不一定完全准确，却是十分深刻和牢固的，对往后的沟通和交往都产生了深厚的影响，这就是心理学中的"首因印象"。而参加面试，也属于首因印象的一种情况，第一印象的好坏将直接影响到结果。

小明和小刚是关系很好的大学舍友，小明性格活泼开朗，是学校社团中的骨干，经常参加学院的晚会、演讲、辩论赛等活动，而小刚性格内向沉稳，更喜欢独自一个人看书、学习，偶尔还会写些心情随笔。巧的是，两个人在毕业时刚好向同一家公司递交了简历，并且都获得了面试机会。

小明和小刚的简历都很优秀，是众多求职者中的佼佼者，然而，他们却在面试环节拉开了较大差距。面对面试官的接连提问，

即兴演讲：关键时刻不要输在表达上

小刚表现得极为紧张，不仅涨红了脸，就连说话也磕磕绊绊，更别说逻辑和条理了。反观小明，他在整个面试环节中都表现得十分从容自信，除了条理清晰地回答问题外，甚至还能偶尔开个恰当的小玩笑，缓和现场紧张的氛围。

结果可想而知，小明获得了这份工作，而专业成绩更为优秀的小刚却遗憾落选。事后，小明了解到小刚的失败原因，并主动对他进行了几天的突击面试模拟和培训，小刚终于克服了面试紧张的问题，获得了心仪的工作机会。

简历，是我们求职工作时的一块敲门砖，它的功能主要是帮我们获得一家公司的面试机会。而在面试过程中，大部分公司只会将简历作为一个辅助资料，并不会再次认真观看，之后所有的信息和感受都来源于面试者的口述。因此，面试对于求职者来说，是一个展示自我的好机会，也是面试官真正认识求职者的开始。

在面试过程中，我们通常都会回答面试官的诸多问题，这些问题我们没法预料，因此每个问题的回答都可以算作是一场简短的即兴演讲。从容不迫的自信感、重点突出的逻辑性、兼具优缺点的双面分析以及首尾清晰的完整表达，都会给面试官留下深刻且良好的印象，我们一定要抓住面试中的表达机会，为自己争取到满意的工作。

首先，要学会介绍自己。

相信大家在面试过程中，一定都听过这句话："请你先简单介绍一下自己。"这是大部分面试官常用的开场白，也是面试者一个成功的开始。

在自我介绍中，我们可以从以下几方面入手。首先，我们需要介绍的就是我们的姓名、年龄、个人情况以及教育经历，这些基本信息可能不是面试官最看重的，却是必不可少的一项内容。其次，我们需要介绍自己的工作经历，从事过哪些行业，担任过哪些岗位，如果是刚刚毕业的学生，也可以将这部分换成在校的社团经历或者实习经验，这些将是面试官了解面试者过往经历与成就的重要途径。接着，我们可以讲述自己所取得的专业证书和荣誉证书，并对自己的专业能力、社交能力等方面做出总结性的介绍，尽可能地突出个人优点。最后，则是要将前面提到的优点与所面试公司的经营项目、企业文化和岗位要求相结合，说出自己如何能够胜任这份工作或者匹配这个岗位。针对不同的公司和岗位，这部分的说辞也不尽相同，需要我们灵活掌握。

对于整体个人简介部分，我们最好将时间控制在三分钟以内，绝对不能超过五分钟。尽量使用简练的语言，不要过度展开，记得为面试官留下提问空间。

其次，巧妙回答问题。

做完自我介绍，我们就要准备好接受面试官各种各样的提问了。他们有可能会根据刚刚的自我介绍，询问"你认为自己有什么缺点""你在团队中扮演着什么角色""你上一份工作为什么离职"等问题，也有可能针对面试岗位和日后工作，提出"你为什么选择我们公司""你的职业规划如何""与领导意见不统一时，你将如何面对"等问题，当然，也有最经典的面试结束问题——

即兴演讲：关键时刻不要输在表达上

"你还有什么问题要问吗？"

我们无法准确预估出面试官可能会询问的问题，但面对这些问题我们却有巧妙的应对办法。首先，我们要保持冷静，抓住面试官问题中的重点，条理清晰地回答应对。无论面试官提出多少问题，本质都是想对面试者有进一步的了解，所以我们可以尝试分析面试官主要想了解的方面，并进行重点回答。其次，我们可以用故事的方式回答问题，但一定要注意故事的完整和简练。这种方法不仅可以让回答更加生动真实，还能够引起面试官的注意和兴趣，但是要注意控制回答的时间。再次，我们可以一边回答一边观察，根据面试官的反应及时调整回答内容。最后，适当的暂停可以给人一种认真、严谨的感觉，恰当的赞美也能给面试官留下好印象。

职位面试是招聘公司与应聘者进行面对面双向交流选择的重要机会。一次成功的面试演讲，不仅能够突出面试者的优势和特点，全面展现自我，更能够巧妙吸引面试官的注意，在他脑海里留下深刻的印象，如此一来，面试也就成功大半了。祝愿所有掌握面试演讲技巧的朋友们都可以收获心仪的工作！

参考文献

[1] 刘志敏.演讲与口才实用教程[M].北京：人民邮电出版社，2017.

[2] 郑一群.脱稿讲话：顶级演讲的10个秘诀[M].北京：新华出版社，2016.

[3] 维柯.大学开学典礼演讲集[M].上海：上海人民出版社，2019.

[4] 杨家勤.语篇互文视角下的演讲修辞性叙事研究[M].北京：世界图书出版公司，2016.

[5] 刘桂华,王琳.大学生实用口才训练教程[M].北京：人民邮电出版社，2018.